厝邊巷尾就是我的人生學校

劉興欽、劉永毅——著

天地萬物皆老師，
山澗海角全教室。

PART. 1

我從他們身上學到的事情

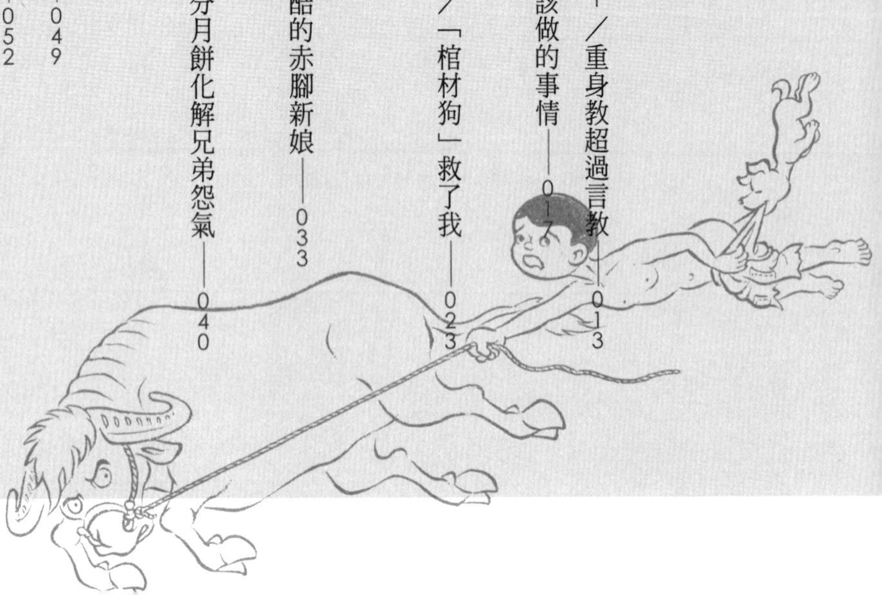

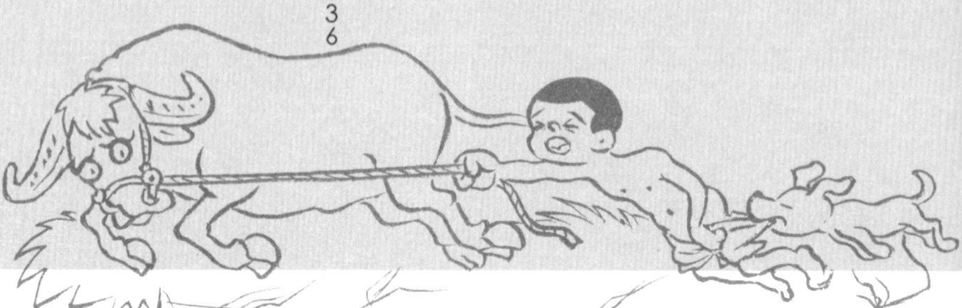

PART. 2

我希望孩子自己領悟的事

Part.

1

我從他們身上學到的事情

這些年來，那些讓我印象深刻，甚至靈魂為之顫抖的，

常常不是人們所講的話，而是他們所做的事。

媽媽沒有教你嗎？

以身作則比口頭說教更為重要。

小孫女漢娜是我的寶貝，在她小時候，我沒事就喜歡陪她講講故事，一起玩玩具。

我一般不鼓勵小孩子玩玩具，尤其沒什麼想像力、教育功能的玩具，但我自己出品的玩具當然例外。我早年發明的機器人學習機，授權美國玩具廠商Fisher Price生產製造，已經邁入了第五代，並且從簡單的機械連動方式「進化」到電子版。

每次廠商將新版的機器人遊戲機送來，我就會送給身邊的孫子、孫女。小漢娜前兩天剛拿到這個新玩具，玩得不亦樂乎。

◇阿公，你不乖

身為機器人學習機的創造者，我對於新版玩具的構造也很好奇。趁著小漢娜午睡，我拿出工具，將新的機器人學習機拆開來研究。

「阿公，你在做什麼？」正當我埋頭研究時，耳邊忽然傳來小漢娜又甜又清脆的聲音。只是……我心想，「怎麼這聲音聽起來有點不高興啊！」

看了看拆得滿地零件，已經被我大卸八塊的玩具，我心裡忽然有一點明白。怕她接下來會採取的絕招，我趕快解釋：「阿公在幫漢娜檢查看看玩具有沒有壞。」

「阿公，你媽媽沒有教你，不可以亂拿別人的玩具玩嗎？」一聽就是女兒教女的口吻。看著被拆得面目全非的玩具，小ㄚ頭扁扁嘴，可愛的大眼睛開始出現水光，「而且，阿公還把玩具玩壞了……」

「漢娜乖！玩具沒有壞！」我要趕快安撫小ㄚ頭，「阿公馬上就會修好。」

「阿公修不好！」淚水快要奪眶而出了，「阿公不乖，你以前把媽媽和auntie的玩具玩壞了都不會修！嗚…嗚……」

◇你媽媽以前沒教你嗎？

我尷尬了。幾個女兒小時候，正是我從事發明的狂熱時期，看到任何新奇的東西就忍不住拆開來研究一番，而拆開後裝不回去的事情當然「偶爾」會發生。「想不到，女兒居然記得這麼牢，還說給孫女聽……」

為了保住名譽，我馬上一面哄小漢娜，「乖，不要哭！阿公幫妳修玩具。」一面七手八腳的趕快把機器人拼回去。隨著我的動作，漢娜的哭聲也越來越小。

「咻！」總算大功告成。我一按開關，機器人手舞足蹈了一番後，肚子上的顯示螢幕也出現了畫面。

看到這裡，小漢娜抱起了機器人，「咯、咯、咯」地開心笑了出來。淚水在白嫩的小臉上特別晶瑩。小漢娜抱著機器人，又蹭又扭，靠在我身上撒嬌：「阿公，你好棒哦！」

我總算鬆了一口氣。

沒想到，小丫頭居然沒忘記她的問題，繼續追問：「阿公，你媽媽沒有教你，不可以亂玩人家的玩具，不然不是好孩子嗎？」

「沒有啊！」

「為什麼？」

「因為阿公以前根本都沒有玩具啊！」

聽了我無厘頭的回答，小孫女大概覺得很好笑，嘰嘰咯咯地笑了起來。

我自己倒陷入了沉思中。

◇重身教超過言教

認識我的人都知道，我很討厭說教。我自己不喜歡說教，也不喜歡聽人說教。說教是一件無聊的事。說的人說得口水亂噴，口乾舌燥，但聽的人卻往往左耳進，右耳出，或者右耳進，左耳出。這一切，豈不是無聊？

我不喜歡說教，一方面無此習慣，一方面根本沒有必要。

生在日據時代的台灣，我在偏遠的新竹州大山背鄉下客家庄長大。因為戰爭的關係，小時候生活艱苦，爸爸和媽媽每天光忙著讓家人吃飽，都已經忙得不可開交了，哪裡有時間管我，更別說耳提面命時時刻刻地管教了。

而且，客家人一向務本崇實，尊重傳統，許多規矩及道德標準，雖然沒成天掛在嘴上，但心中自有一把尺。

鄉下人多半樸實、木訥，但並不表示他們缺少眼光或頭腦。家裡的長輩，包括祖父、爸媽在內，雖然很少說教，但卻將一些做人的原則和道德的準繩，表現在日常生活的行為舉止中。他們比較重視人們做出來的事，而不是說出來的話。

以教育理論來說，就是重身教而不重言教。

我的祖父就是很好的例子。

◇祖父的草鞋

客家人有一句俗話：「會做生意才會賺錢。」我的祖父不但是一名勤懇樸實的農人，而且也是一個辛勤老實的手藝人及小生意人。他在大山背除了經營茶園之外，還在農閒時兼做草鞋，賣給附近的一些農夫、樵夫。

他就是用這些草鞋，替我上了難忘的一堂課。

祖父做的草鞋很結實、耐穿，一雙草鞋可以穿很久，附近的人常常來向他買，所以雖然一雙草鞋賺不了多少錢，但他有空就做，家裡也堆了不少存貨。

自從父親在我六歲時就叫我「凡事要動腦筋」後，幾乎所有事情，我都會在腦子裡想一想，看看有沒有更好的處理方法。

有一次，我看到家裡有這麼多的草鞋存貨，卻不能變成錢。我腦筋一轉，想到：「要讓祖父的生意好，這還不簡單！只要讓草鞋快點壞掉不就好了。」

於是，我偷偷在所有草鞋連接的地方，割掉半條筋。這在外表上看不出來，但卻會讓草鞋比較容易壞掉。當時我沒有將這個「好點子」和祖父分享，本想等到更多人來買草鞋，賺到更多錢後，再來向祖父邀功。

或者，我心裡其實也隱約知道，這樣做是不對的，不能讓別人知道。

果然，祖父的草鞋生意突然間變好了，很多買了草鞋的人，不久之後又回頭再來買，家裡的存貨果然很快就賣完了。祖父雖然很高興，但心裡也很疑惑：怎麼客人這麼快就回頭再來買草鞋？

有一天，有一個客人來買草鞋，而且他很急，就等在家裡，準備一手交錢、一手交貨。這時家裡已經沒有存貨了，我也沒辦法預先做手腳，心裡正著急，看到祖父已經快手快腳地將草鞋打好了，正準備拿去給客人。我趕緊大叫：「阿公，等一下，這雙草鞋先交給我。」

祖父雖然有疑問，但什麼也沒問，只是將草鞋交給了我。我趕快將草鞋拿到邊屋，取出小刀，正準備割草鞋的筋時，忽然一隻手從我背後伸過來，一把抓住了我拿著小刀的手。

我扭頭一看，是祖父。他臉上本來就有很多皺紋，此時更像刀刻般地深刻。

◇終生不敢忘的教訓

他氣壞了，我從來沒有看過他這麼生氣，怒氣從身上每個毛孔中噴了出來。他恨恨地說：「不得了了！你這個小孩怎麼這麼壞！」聲音中滿是掩飾不住的失望。

說完這句話。他隨手操起一根大木棒，狠狠打在我身上。我知道，這次我做錯了事，不敢狡辯，只是拚命求饒：「我不敢了！阿公，下次我不敢了……」但是棍子依然如雨般落下。

終於，他打累了，丟了手中的木棍，說了一句我一輩子都記得的話：「我們寧願餓死，也不做缺德的事情。」

他轉過身，正要走出門外，又在門口停住了腳，頭也沒有回地說：「你有沒有想過，因為你這麼做，可能會造成什麼意外，害人家受傷，或者死掉嗎？」

我撫著傷口，想著祖父的話，冷汗流了一身。

阿公主動向客人賠罪，並說明情況。客人這才恍然大悟，並且告訴他，他做的草鞋一向十分耐穿，結果最近買的草鞋卻穿不久就壞掉了，本來心裡也有所懷疑，但因為以前祖父的草鞋一向信用良好，所以還是上門購買。

祖父向客人連連道歉，並且馬上坐下來，重新打一雙新草鞋，免費賠給客人。

「所以，」我告訴小漢娜：「從那次以後，不管做什麼事，或是動腦筋，阿公都會把『道德』擺在第一。而且，死也不能做缺德的事情。」

◇做該做的事情

「阿公，」漢娜疑惑地看著我，「『道德』是什麼東西？是你做的玩具嗎？」

「『道德』啊？」我拚命動腦筋，想著如何向一個五、六歲，從小在美國生長的小丫頭解釋這深奧的道理，「就是知道什麼事可以做，什麼事不可以做。」

「那媽媽會教嗎？」

「不止媽媽會教妳，」和小孫女講話，我很容易滔滔不絕，「還有爸爸會教，阿公會教，阿嬤會教，老師會教……」一些記憶在此時泉源而出，我隨手指著正趴在院子裡的大狗，說：「就連狗狗都會教妳……」

「狗狗也會教我？」聽到有她最心愛的寵物，她的眼睛馬上亮了起來，「阿公，狗狗會教我什麼？是學『汪．汪』嗎？」

我抱起小孫女，坐在我的膝蓋上。「漢娜乖，阿公慢慢講給妳聽。」

忠心的棺材狗

帶著恐怖傳說的大白狗，以生命為代價，教會我人與動物之間的感情。我一輩子不曾，也不想忘記這可愛的朋友。所以，我將牠畫進漫畫裡。

「漢娜，妳記不記得阿公的漫畫裡有一條狗？」

「就是常常跟在阿公身邊的那個狗狗嗎？」看過我漫畫的小孫女，當然知道漫畫中的鄉下少年「阿欽」就是「阿公」。

「對啊！漢娜真聰明。」

「對啊！因為漢娜最喜歡小白了。」

◇自動上門的大白狗

「小白」是我在畫漫畫時，為我兒時玩伴的大白狗所取的名字。其實，從牠來到我身邊，到牠離開我，我都沒有替牠取過名字。

我都叫牠：「狗」。平常叫牠過來，就說：「狗，過來！」想牠走開，就說：「狗，走開！」

「狗」來到我家之前，我很怕狗，也很討厭狗。

其實，在我很小的時候，非常喜歡狗。

鄉下地方大，所以幾乎家家都養狗，但媽媽就是不准我養狗。有一次，同學家的母狗生了好幾隻小狗，我向他討了一隻，偷偷帶回家，結果被我媽發現，硬要我拿去丟掉。無奈之下，我只好轉送給同村的一個同學。

雖然同住在大山背，但這同學家離我家相當遠。我將小狗送給他之後，一直沒去看過。約半年後，有一天，他帶著狗到山上工作。我看到他帶著狗來，很高興地跑過去，想摸那隻狗。沒想到，那隻狗根本不認我，凶性大發，在我腳後跟咬了好幾口。

從此，我對於狗的印象就很壞。

自從被狗咬過之後，我就一直很怕狗。狗很奇怪，你越怕牠，牠們越愛對著你狂吠，或撲上來就咬，躲都躲不掉。有時一條路走過去，每家的狗都跑出來示威，狗吠聲幾乎沒停過。

每次要經過養狗的人家附近，我總是心驚膽跳，硬著頭皮，小心翼翼地通過。

讀小學時，有一天，我從外面割草回來帶給牛吃，才到牛欄，一看，牛不在，但卻有一隻全身雪白、漂亮的大狗。好嚇人！我從來沒見過這麼大的狗，比狼犬還大。我快嚇死了，這麼大一隻狗會不會咬人啊？

我們對視了一陣，感覺上過了很久，但這隻狗並沒有顯出發怒或要攻擊的樣子。這麼漂亮的狗啊！雖然一開始很害怕，但我越看越喜歡。

我趕快進廚房，拿了一條煮好的番薯給牠吃。番薯丟過去，牠好像很餓，兩、三口就吃掉了。

看牠肯吃番薯，我試著伸出手，想去摸牠；正猶豫時，牠主動靠過來，用身子迎接我的手掌。這條漂亮的大狗居然主動親近我，我太高興了！

我主動把牠從牛欄裡牽出來，牠也乖乖聽話，好像是我養的狗一樣，乖乖趴在客廳裡。爸、媽和其他家人回來時，牠馬上機警地站起來，準備要吠叫、前撲，但當我說：「不要叫！這是主人！」後，牠馬上把耳朵垂下來，搖著尾巴，親熱地靠過去。

◇恐怖的棺材狗？

因為鄉下有「狗來富」的傳說，狗來家會發財，何況是這麼漂亮的狗，全家都很高興，於是就把牠留下來了。

從此之後，除了上學，我出門都帶著「狗」。牠認主人後，非常顧家，對家人十分親熱；但警戒心相當強，對陌生人很凶。

以前鄉下沒有電話，如果有事要通知親友，譬如連絡吃飯或買茶等，爸爸都會叫我跑腿。以前我很怕狗，碰到有狗的人家，都會想辦法繞路或靜悄悄通過。但有了「狗」之後，我都會帶著牠，大搖大擺地從養狗人家前走過去。

沒有一隻狗敢對「狗」叫，看到牠就趕快跑掉，別家的狗甚至怕到連家都不敢待，跑到山上躲起來。

我好得意，心想，「牠一定是隻狗王。真棒！」

才得意沒幾天，卻有一個同學跑來跟我講：「你家要倒楣了！你家來的那隻狗是棺材狗，是田寮坑闞家的狗。」聽到這個消息，再想到棺材狗的恐怖傳說，我嚇了一跳，出了一身冷汗。

闞家是新竹橫山一帶的旺族、有錢人，在這附近有一個很大的墓園。據說，「狗」本來是闞家養的狗。有一天，有人見到那隻狗從墓園裡出來，嘴裡居然啣著一隻手。闞家得知這隻狗居然吃死人的屍體，大怒之下，把牠痛毆了一頓，然後趕出家門。

鄉下對這種「棺材狗」，有許多噁心又恐怖的傳說。據說，人過世後下葬，埋下去不久後，如果風水不好或埋得不夠深時，就會有狗半夜吹狗螺，號召全村的狗去掘墳墓，並且輪流用頭去撞棺材。而當眾狗將棺材撞破後，就會分食屍體。

最可怕的，就是當狗正在吃屍體時，如果有人經過，這些狗就會像發瘋一樣，轉頭攻擊這人，即使是主人也一樣。

客家人有「死人不能在家裡存放超過三天」的習俗。即使不一定有適合下葬的日子，也得在三天內把棺材抬到墓地存放，暫時先不下葬。這時，需要很多人手來輪流看管、守護棺材，尤其是晚上，就怕棺材被成群結隊的狗群撞破，然後吃掉屍體。

想到「狗」居然可能是「棺材狗」，我心裡既難過又害怕。但我又想，這事情如果傳回家，家裡人一定會把牠趕走。所以，我決斷地告訴同學：「絕對沒有這種事。」

「絕對有！」他不服氣，大聲反駁說：「是某某人說的……」

「這件事絕對不能傳出去！」情急之下，我指著「狗」，威脅他：「如果你敢亂講，我就叫牠咬你！」

「狗」很聰明，似乎感受到我和同學之間的爭吵，適時的咧嘴、齜牙，露出雪白的犬齒，並從喉嚨裡發出低沉的吼聲。

同學很怕我情急之下縱「棺材狗」行凶，當場就答應了會保守秘密，不把這消息透露給任何人。

看著眼前可愛的大白狗，我實在無法將牠和那些恐怖的傳說連在一起。我既擔心又害怕，但卻沒和任何人提起這件事。

◇「棺材狗」救了我

那年秋天，稻米收割後，家家都在曬穀子。日本人早就算好了每家該上繳多少穀子，一點都不能少，誰少了就會來找誰家麻煩。所以，曬稻穀的地方，不論白天、晚上，都會有人看守，以防有人來偷穀子。

那一年，家裡收了稻，但曬穀的稻埕不夠，只得在田間的打穀場曬穀，由我和爸爸看守。在搭建草寮時，爸爸認為已經秋天了，應該不會再下大雨，於是只草草搭了個簡陋的草寮。

一天晚上，忽然下起了大雨，雨水像是從天上倒下來似地下著。沒多久，草寮開始嚴重漏水。這時，天非常黑，幾乎伸手不見五指，眼看情形不對，爸爸說：「我們趕快撤回家。」我抱了棉被，爸爸也抱著一大堆東西，快快往家的方向走。

從曬穀場到我家有一大段距離，而且是沿著一條既寬又深的大水溝。雨很大，黑夜中看過去是黑漆漆一片，根本看不清前面是橋或路，只好憑著記憶，摸索著往前走。

我走在前面，爸爸跟在後面。一不小心，「嘭！」的一聲，我掉到了水溝裡。水溝裡的水又急又快，我想要張口大叫，一開口就被灌了一大口水。想要站起來，湍急的水流強力地撞擊著我，根本沒辦法。

耳朵彷彿聽見爸爸在喊什麼，但在水溝裡翻翻滾滾的我根本聽不清楚，我心裡想：「這下完蛋了！」

忽然間，我的身子不知被什麼東西抓住，停了一下，然後手臂忽然被一隻大手抓住，一把將我提出水溝。原來是「狗」不知在何時趕來，咬住我的衣服，然後爸爸伸手抓住我，把我從水溝裡撈出來。事後我們才知道，因為山洪暴發，水來得很快，若非「狗」一口咬住衣服，讓爸爸即時抓住我，我一定會被水沖進上坪溪，再沖到大海裡。

從水溝裡救起我之後，我們也沒時間休息，雨還拚命下著。爸爸讓白狗走在我前面帶路，牠的尾巴一直輕輕地搖，觸著我的身體。我知道，牠是叫我抓住牠的尾巴，讓牠帶著我走。

我伸手，抓住了那尾巴。然後，心裡不再害怕了。

拜「狗」之賜，我和爸爸在黑夜大雨中平安回到家。除了棉被和衣服都濕透了之外，沒有什麼損失。

第二天，我們起來後，卻沒有看見「狗」。原來牠又回到草寮，代替我們看守那些穀子。我們再見到牠時，牠全身還是濕的，並且冷到全身發抖，但依然堅守著崗位。

◇犧牲自己救人

「狗」救了我的命，我們全家人更喜愛牠了，把牠當成家中的一分子。

台灣光復沒多久，忽然爆發狂犬病。當時醫療資源匱乏，而感染到狂犬病的人或牲畜，如不馬上接種疫苗，幾乎都會發病而死。而且還會死得很慘、很痛苦、很難看。於是當時台灣各地都傳出瘋狗咬傷人致死的傳聞。

在那一段日子裡，幾乎人人聞犬色變；見到眼睛發紅、流口水，走路搖搖晃晃的瘋狗，大家不是奪路逃命，就是聚眾圍殺。

人類最好的朋友，一下成了令人聞之色變的惡魔。

同村一個同學的爸爸，被瘋狗咬到後，要求家人把自己綁在柱子上，並且交代：「用最牢的繩子！一定要綁很緊，絕對不能解開！」家人不忍心。但是他堅持：「如果你們不把我綁起來，等我發作就會咬你們……一定要把我綁緊，綁到我死為止！」

快要發病的時候，他很清楚的告訴家人：「不要靠近我，我會咬你們！」他後來發病時，紅著眼、滴著口水、發出低沉的咆哮聲，拚命想要掙脫繩子，攻擊靠近的人。最後，家人眼睜睜地看他發病、發狂，終至死亡。

在狂犬病猖獗的時期，大家都不敢輕易出門，怕路上碰上瘋狗。我們這些小孩子，也被限制行動，只能在家門口玩。

有一天，我和許多堂兄弟，正在院子裡玩得高興，忽然聽到有人在遠處喊：「瘋狗啊！瘋狗！」當時有很多人愛亂開玩笑。我們等了一下，沒看到什麼動靜，就繼續玩下去，沒有躲回家裡或爬到樹上。

當我們發覺，有一隻又高又壯，紅著眼、滴著口水的大狗竄進院子，並對著我們衝過來時，我們全都愣住了，不知道該怎麼辦，連躲都不曉得躲。

正在此時，眼前閃過一道白光，接著「嘭！」的一聲。那隻瘋狗被我的大白狗一撞，在地上滾了兩圈，重新站起來。白狗又撲了上去，兩隻狗馬上就纏鬥起來，又撕又咬，打成了一團。

雖然瘋狗個子很大，但我的白狗也不小，而且動作更敏捷。在我們目瞪口呆的眼光下，一陣撲殺撕咬後，還沒等大人趕過來，「狗」就將那隻瘋狗咬死了。

「狗」救了我們一群小孩子的命。

雖然「狗」神勇無比，救了我們，但在撕咬的過程中，牠也被瘋狗咬了好幾口。為了安全，我們應該要把牠隔離起來。牠好像知道自己染上病了，低著頭，靜靜地站在那裡，任大人們用鐵絲將牠綁起來，一點都不反抗。後來大人將牠綁在豬舍裡。

牠發作的很快，大約一個禮拜就發病了，樣子很可怕，眼睛是紅的，齜牙咧嘴，舌頭伸得老長，一直滴著口水，亂撞亂咬，全身漂亮的白毛早就髒亂得看不出原來的樣子了。我每天都去看牠好幾次，但牠已經認不得我了。

我心裡很難過。

狂犬病一旦病發，幾乎不會好，一般人會趁早把染病的狗打死。但我們想到牠平常的可愛樣子，以及牠的救命之恩，沒有人忍心去打死牠。

到了後期，爸爸花了一些錢，請人來將牠打死。全家人都非常傷心。

雖然牠犧牲了，但我從來都不曾忘記這隻被視為恐怖「棺材狗」的忠狗。後來，當我在畫漫畫時，都會把牠畫進去，在我的身邊和我一起成長。

◇如果……

故事講完了，小漢娜和我的眼睛都紅紅的。

「狗狗好可憐……」

「對啊！」

「如果你們躲起來，狗狗就不會被咬了！」

「對啊！如果當時妳祖婆幫忙放警報通知就好了！」

「祖婆？」小孫女搞不清楚客家人的稱謂關係。

「就是阿公的媽媽。」看她還是一臉迷惑，我進一步解釋：「就是大嬸婆。」

「哦！是大嬸婆啊！」小漢娜很好奇，「為什麼她會放警報啊？」

「因為，」我笑了起來，「因為她最熱心，而且嗓門最大啊！」

貼心的赤腳新娘

我媽媽一輩子都是一個熱心的人，這一點對我影響很大。

「阿公，什麼是『熱心』？」

「熱心?!」思考了一下，我回答漢娜的問題：「就是喜歡幫別人的忙。」

「那不是很好嗎？媽媽說，我們要幫忙別的小朋友。」

「幫助別人當然很好……」我說，「像我媽媽，一直都很喜歡幫助別人。」然後，又補充一句，「連當新娘子那天都不例外。」

「真的嗎？」漢娜睜大了眼睛。

◇赤腳新娘傳說

從年輕起，大嬸婆就以「熱心」而名聞鄉里。而她最常做，也最愛做的一件事，就是「管閒事」。

事實上，從她來到大山背的第一天起，大山背的村民就見識到大嬸婆的熱心腸，甚至因此還留下了一段「赤腳新娘」的傳說。

我的故鄉新竹縣橫山鄉大山背地處偏遠，出了名的路不好走，因為它的地形，有一點像蘑菇，下面很陡，上面比較平坦；所以要上山的地方很陡，所以才會流傳俗語：「有女莫嫁大山背，上坡石頭堵嘴，下坡石頭堵背」。尤其是在後來被稱為「下轎坡」的地方，是一大段石階路的中點，站在這裡，往上一看，看不到石階的盡頭，往下一看，不免有些腳軟。腳力再好的人，來到這裡都會停下來喘口氣，休息一下。

這一天，一隊小小的送親隊伍來到了這裡，並且停下來休息。兩名轎夫才把小小的花轎放下來，轎簾一掀，穿著喜服的新娘子居然一頭鑽出了花轎。

送親的隊伍馬上亂了起來，就像被水潑到的螞蟻。

按照風俗，新嫁娘上轎後，理應一直待在轎子裡，直到夫家的喜堂才能下轎。這可不是隨隨便便的小事，隨行送親的婦人很不高興，指責這個大膽的新嫁娘：「新娘子怎麼可以隨便下轎?!」

「唉呀！頭很暈，很難受。」新娘子解釋，上坡的路很陡，轎子前高後低，人半仰躺在椅子上，搖搖晃晃，無處著力，坐得很辛苦。新娘子要求：「我要下來自己走！」

這個想法激起強烈的反對，隨行送親的人紛紛勸說：「妳是新娘子，怎麼可以隨便下轎！」「再難受也要忍耐！」「這樣太失禮了！」……她只好說出真正的原由：「抬轎子的人太辛苦了，我自己走算了！反正劉家也快到了，等快到劉家時我再上轎。」

「前面可還有好大一段石階路！」轎夫高興得不得了，他們心裡想：「這真是一位好心的新娘！」

◇特立獨行的新娘

這位好心的新娘叫做嚴六妹，來自新竹縣石光的大家族嚴家，這是她第一次來到大山背這個偏僻的地方。她就是我的媽媽，也是後來大嬸婆的原型。

嚴六妹出身大家族，很有主見。所以，當她做出了決定後，就不再理身旁三姑六婆的嘮叨和勸告，只是自顧自地欣賞著藍天、白雲，以及周遭樹叢中美麗的野花。

休息了一陣子，她對轎夫和送親隊伍做了一個手勢：「走了！」小小的送親隊伍又動了起來，抬著空轎的轎夫一掃之前的疲累模樣，重新煥發了活力，準備登上長坡。

但才剛開步走了兩、三步，新娘卻又停了下來，後面的隊伍也跟著急煞車，差點撞成一堆。送親的婦人趕到她身邊，看新娘子又有什麼狀況。

眾人只見她一彎腰，將新皮鞋脫了下來，拿在手裡。大家的眼珠子都快從眼眶跳出來，想著：「她想要幹嘛？」「難道要打赤腳嗎？」

一直起身子，新娘子看到大家都瞪大了眼睛在看她，笑著解釋：「平常都是打赤腳，不習慣穿皮鞋。」她走了兩步，說：「果然還是打赤腳比較舒服！」

「廢話！誰不知道赤腳比較舒服！」送親的媒婆都快哭了，在心裡大聲地喝斥：「可是妳今天是新嫁娘欸！」

不過，新娘並沒有聽到她們心裡的吶喊。她一隻手裡拎著皮鞋，一隻手撈著喜裙的下擺，光著一雙腳丫，「登．登．登」地就迅速往上面的石階路移動。

終於到達了平坦的地方。大家總算鬆了一口氣，赤著腳的新娘子卻沒有穿上鞋子，也沒有聽勸坐上轎，邊走邊自在地欣賞著路旁的農村風光。

走著走著，她忽然看到路邊的田裡有一頭牛。這頭牛不但沒在耕田，反而低頭在吃著田裡黃澄澄的稻禾。她趕快跑過去，一面揮手，發出「噓、噓、噓」的催趕聲，一面叫：「牛，快走開！牛，快走開！」可是這頭正埋頭大嚼的牛不動如山，根本不理她。

一看之下，她發現，原來是綁著牛的繩子鬆脫了或斷了，才會讓原本該吃草的牛跑到田裡，吃起了稻禾。「這下子可不得了！」她想，這頭牛會破壞很多未來的收成。

同樣出身農家，自幼就被教導不能隨便糟蹋糧食作物的她，怎能容許這樣的事情在眼前發生。

於是，甚至在送親隊伍想到要阻止之前，穿著新娘喜服的她，把鞋子往田邊一放，喜裙一撩、一捲，一腳踩進田裡，拾起牛繩，把牛拉回路邊，並將牠繫在田邊一棵樹上。牛大概已經吃飽了，或是知道面前這個穿著紅衣服的人不好惹，並沒有變身為鬥牛，反而乖乖地任她處置。即便如此，她的雙腳已經裹上了一層田泥，亮麗的新娘服也濺上了星星點點的泥巴和水漬。

送親隊伍不知是習慣了這個新娘的出格行為，還是被嚇到了，反而沉默不語。赤腳新娘不慌不忙，又走了一小段路，然後步入路邊的水渠，用水把腳洗淨了。

她既沒穿上皮鞋，也沒坐上花轎，只交代了媒人和送嫁的人：「千萬不要傳出去。」然後繼續跟在花轎後面，一路朝著不遠處的劉家大院而來。

◇好酷的赤腳新娘

劉家迎親的人，早就等在劉家大院門口了。

遠遠一看到花轎到了，大家紛紛衝出來迎接，並且歡呼：「新娘來了！新娘來了！」鞭炮聲「劈里啪啦」地響了起來，等候已久的嗩吶也迫不及待，發出高亢的聲音，好一幅喜氣洋洋的熱鬧畫面。

當小花轎放下來的時候，衝在最前面的一個小孩子搶先掀開轎簾，大叫：「咦！轎子裡沒人，是空的！」大家心裡都在想：「新娘怎麼不見了？」雖然鞭炮依然響著，嗩吶依然唱著，但一下子安靜了不少，「到底是怎麼一回事?!」

「啊！新娘在這裡！」還是那個跑得最快的小男孩，一手指著在花轎後面，穿著一身新娘服的新娘，正一手拎著鞋子，一手輕挽著漂亮的裙子。

大家一看都樂了，「怎麼還有光著腳，不坐花轎卻走路的新娘？」好多人快笑死了，「唉唷！怎麼會來了一個赤腳新娘！」有好長一段時間，大山背的人就稱她為「赤腳新娘」。

「那就是我媽媽，就是妳的祖婆。」我笑著向小漢娜解釋。

「哇！It is so cool！」小漢娜用她新學到的最高讚嘆語表示心中的激動。

「想不到阿婆這麼前衛！」不知道什麼時候，我的大女兒，小漢娜的媽媽已經回到家了，並且聽到了我和漢娜講的故事，接著評論道：「還滿像嬉皮的。」舊金山本來就是美國嬉皮的大本營，難怪女兒會有這樣的聯想。

小丫頭一看到媽媽回來了，馬上撲到媽媽身上，抬起小臉問：「媽媽，爸爸的媽媽so cool，以後我當新娘時，可不可以像她一樣？」

還不待女兒變臉，我搶先說：「那妳要先找到一頭牛才行！」

然後，我們三個人一起笑了起來。

別人的鞋能穿也不合腳

同理心（Empathy）是「對他人的感覺或想法能識別並同理的經驗」。

——韋伯字典

同理心，又叫做換位思考、神入、共情。指站在對方立場設身處地思考的一種方式，即於人際交往過程中，能夠體會他人的情緒和想法、理解他人的立場和感受，並站在他人的角度思考和處理問題。

——維基百科

「阿公，你看！」講完赤腳新娘的故事沒幾天，快到中秋節了，我正在院子裡休息，小漢娜又跑來找我，得意地展示一雙小肉腳，「我也打了光腳。」「趕快把鞋子穿上，」雖然院子經常整理，但我也怕什麼東西扎到她白嫩可愛的小腳，「地上很涼。」

「可是，我這樣子才可以幫助人。」小孫女自有她的理由，「就像你的媽媽一樣。」

「脫鞋子可以幫助人，」我說，順手拿起放在小桌子上的月餅，分給她一小半，「吃塊餅一樣可以幫助人。」

「What？」她睜大了眼睛，滿臉的疑惑。

◇穿上別人的鞋子

大嬸婆自從嫁到大山背之後，因為人很熱心，喜歡打抱不平，得到很多人的尊敬，平常村裡一些婦女如果碰上不滿意的事情，也常會來找她抱怨，希望能得到她的支持與幫助。

雖然大嬸婆不識字，沒念過書，但是她很聰明，懂得傾聽，並且會站在對方的立場來想，還會拿日常生活中的例子來開導對方。按照現代人的說法，就是很有同理心，並且勇於行動。

有一次，大嬸婆和一個晚輩一起上街。一路上，這位侄媳婦都在訴苦，抱怨婆婆對她不公，先生對她不好，這個不好那個不好……等等。大嬸婆只是聽，但沒講什麼話。

快到街上時，大嬸婆在路旁的水溝洗了腳，然後從自己包袱裡把鞋子拿出來，準備穿上。平常大嬸婆都是打赤腳，圖個舒服、方便，但上街時總是會穿上鞋子。而且，生性儉省的她，每次上街，都會等到快到街區時，才把鞋穿上。而要從街上回家時，一離開街區，她馬上就把鞋子脫下來。這樣一來，鞋子可以穿得久一點。

說起來，她的鞋子也不是什麼好鞋子，是當時日治時代最差的一種橡膠鞋，既不透氣又不舒服，剛穿時還好，但過一段時間後，腳就會壓擠得很痛。即使如此，在鄉下，還是有很多人沒有這麼一雙鞋。

穿鞋時，大嬸婆看到赤著腳沒有鞋穿的侄媳婦一臉羨慕的樣子，忽然靈機一動。她對侄媳婦說：「阿秋，來，快到街上了，妳來穿了這雙鞋子。」

「那妳自己呢？」侄媳婦有些不好意思了。

「唉呀！我習慣了，妳年輕人要體面一點。」

「嗯……嬸婆人最好了！」侄媳婦很高興地去試鞋子了。

◇穿鞋產生同理心

侄媳婦的腳比大嬸婆大一點，她好不容易才勉強把腳擠了進去。走了一小段路之後，腳就好痛。她雖然極力忍耐，但還是受不了，於是一直講：「這個鞋子太小了，穿了腳好痛。」

此時，大嬸婆忽然對她說：「妳剛才不是一直在訴苦，說有很多煩惱，現在怎麼不說了？」

「這個……腳太痛，我都忘記剛才那些事了，現在想的都是這個腳太痛了……這個鞋子怎麼搞的？」姪媳婦沒好氣地回答大嬸婆的問題。

「好！現在妳知道了，」大嬸婆說，「那妳可以把鞋子脫下來了。」

一聽到大嬸婆這麼說，侄媳婦馬上就把鞋子脫下來了。大嬸婆問她：「剛才妳有那麼多埋怨，為什麼穿上鞋子後就沒有了呢？」

「穿鞋子比那些事還痛苦，哪裡還記得啊！」

「對啊！妳就是太好命了，」大嬸婆直指關鍵，「妳啊！就是沒有碰到比妳剛才所講那些更苦的事情，沒有碰到比妳更可憐的人，所以妳就以為妳自己很辛苦，而且也看不到別人的辛苦。」

她指指地上的鞋子，「現在妳知道了，穿鞋有穿鞋的苦，尤其是穿不合腳的鞋子更痛苦；只是妳沒穿上那鞋子，所以妳不知道罷了。」侄媳婦聽了這番話，臉上露出若有所思的表情。

「而且，」大嬸婆最後還畫龍點睛了一句：「當妳面前有更苦的事情時，妳就會忘掉比較不痛苦的事情。人啊！要知足常樂才好。」赤著腳的侄媳婦望著地上的鞋子，輕輕地點了點頭。

後來，大嬸婆聽說這侄媳婦的作風變了，變得懂事了，不但敬事公婆，得到公婆的歡心，並且還得到丈夫的疼愛及妯娌間的敬重。

◇分月餅化解兄弟怨氣

大嬸婆不但平常對人熱心，看到別人家有事或有困難，會主動跳出來幫忙。而且，她還有很強的正義感，只要看到不平的事，不順眼的人，她都不介意跳出來，說兩句公道話，主持公道。甚至，乾脆使出獨門功夫，出手教訓別人一番。

大嬸婆曾經說，這叫做「路見不平，拔刀相助」。不過，大家都稱之為「愛管閒事」。而且，她管閒事是「有管無類」，什麼都管，沒什麼顧忌。

有一年的中秋節，親戚家兩兄弟因分月餅起了爭執，吵鬧不休，吸引了村人圍觀。

原來，這一家的父親過世早，家裡窮，難得中秋節，媽媽買了一個月餅，讓兩兄弟分了吃。不料，當媽媽剝開月餅，一人一半，分給兩兄弟時，弟弟抗議了：「哥哥的比較大，我的比較小。」哥哥當然不同意，兩個人開始爭吵，後來還打起來了。村子聽到這家的吵鬧聲，圍了一圈在看熱鬧。

大嬸婆見了，出面勸說：「你們不要再吵了，兩兄弟這像什麼樣子！」但兩兄弟還是氣呼呼地揪住對方，不肯放手。見了這情況，大嬸婆提出折衷辦法：「不然我來幫你們分好了，這樣最公平。」大嬸婆在大山背的聲譽很好，兄弟倆於是點頭、放手。

大嬸婆拿起兩塊餅，裝模做樣地比了一下，說：「哥哥這一塊，果然比較大一點。」接著，她就拿起哥哥的餅，咬掉了一小塊。這時哥哥不服氣，叫起來了：「不行！不行！被妳咬掉一塊，現在弟弟的月餅比較大。」「好！」她又咬掉一塊弟弟的餅。這下弟弟又叫了……。咬了兩、三次之後，一塊月餅都快被大嬸婆吃完了，兩兄弟都大哭起來。

這時，大嬸婆就說：「不要哭了！這是要讓你們知道，兄弟要和好，小事情不要計較。計較就被第三個人占到便宜了。要和好，知道嗎？」他們兩個聽了之後，覺得很有道理，一直點頭。

大嬸婆也很高興，說：「好！好！你們到伯母家來。」

到了大嬸婆家，她給他們一塊月餅，隨手一掰，就要分給兩兄弟。被掰開的兩塊月餅當然不會一樣大，但這次兩兄弟不爭了。拿大塊的給哥哥，哥哥說：「多一點的給弟弟，沒關係。」拿給弟弟，弟弟也禮讓哥哥。

「現在你們還吵不吵了？」大嬸婆故意問。

「不吵了！」兄弟這次異口同聲了。

「這就對了！」大嬸婆說：「兄弟要互相禮讓，不要互相爭奪。」

兩兄弟點點頭。

大嬸婆看他們很乖，又拿出了一個月餅，說：「這塊月餅也給你們兩個分了吃。」

「不！」這回兩兄弟一齊說：「這塊月餅留給媽媽吃。」

◇為了你好誇獎你

正義感超強的大嬸婆心直口快，看到不應該的事情，她就會大聲斥責，甚至毫不留情面。她如果聽到年輕小夥子好吃懶做、抽菸、酗酒、賭博、不務正業、懶惰、不孝順，會破口大罵：「你這個孩子不務正業……」作為勸說的手段。

她的力氣很大，嗓門更大，所以很多人尊敬她，但也很怕她。因為當她施展「隔山罵人」功夫時，威力太大，被罵的年輕人往往嚇得要死。

其實，大嬸婆不是只有破口大罵這套強硬的獨門功夫而已，她有時也會看狀況，考慮對方的情況，改變「勸說」的策略。

大山背村裡有一個出名不孝、好吃懶做的青年，全村人都瞧不起他，認定他是個壞青年。因此，他家的人特別上門向大嬸婆求救，請她來幫忙教訓他、罵他一頓，看他能不能有所改變。

但是，大嬸婆想起來，她曾經罵過這個年輕人，結果一點效果都沒有，反而讓他變本加厲。她想著，這個已經被貼上「壞青年」標籤的年輕人，並不是不聰明，而是聰明卻沒有讀書。「既然上一次罵過沒有效，反而產生反效果，」她想，「這次我要改進方法才對。」

於是，她挑了一天早上，去拜訪那家人。

隔著那家人還有一段路，她就開始喊：「阿良啊！最近聽說你非常乖。是不是已經出門工作了啊？真是想不到。我還聽說，你現在對父母親非常孝順，還上街買豬肉給他們吃。你現在變得這麼好，其他人應該跟你學……」

由於早上很安靜，她的嗓門又大，聲音傳得很遠。事實上，她一喊，幾乎全村的人都聽到了這些話，「聽說你這麼好，還有小姐要嫁給妳哦！真不得了，我今天早上要去看看你……」

那個年輕人其實還在睡夢中，但一聽到大嬸婆的喊話，馬上嚇得從床上跳了起來，心裡也很疑惑，「怎麼有這種事？大嬸婆居然會誇獎我！」他趕快兩三下穿好衣服，拿起鋤頭就往山上衝。他不是逃跑，而是去工作，因為他怕漏氣——人家說他好，結果他並不好。

大嬸婆的讚美不斷在他耳邊迴盪，這個年輕人心裡很高興，心情也開始有了一些變化。他想，「既然人家說我好，我就不能再壞。」

待大嬸婆走進他家時，一問他父母，發現他已經上山去工作了。於是，她拿出隨身帶來的紅龜粿，說：「真不錯啊！一早就出門工作了。這麼努力，那這個紅龜粿送給他！」同時，她還誇讚他：「這樣非常好，大家都應該效法。」

鄉下人十分單純，聽大嬸婆都這麼誇讚他，表示他真的有改進，也改變了對他的態度。後來這個年輕人果然就漸漸改善以前的不良習慣，並且對父母也孝順起來。

「大嬸婆真是個大好人！」聽完故事，小漢娜很興奮，「而且，她怎麼這麼厲害？在路上大聲喊話，全村人都聽得見。」

「這不算什麼！」我說：「她以前還當過人形警報器哪！」
「什麼是『人形警報器』？是像消防車那樣的嗎？」
「消防車？」我故做自大狀，說：「消防車算什麼！空襲警報還差不多！」
「空襲警報是什麼？」看著那張從小出生於幸福安全環境的可愛小臉，我還真的很難向她解釋。
「不然這樣，」我說：「我再來講個故事好了！」

無敵認真雷公媽

認真是對自己的天賦和興趣負責任。

雖然我很愛開玩笑，但我一直是一個很認真工作的人。

即使小時候很調皮，但我從來不會耽誤放牛或幫家裡幹活兒。到了上學時，雖然我對死背硬記的教育方法很反感，但為了升學，我拚了命把課本全部都背起來。上了師專，老師說我素描不佳，我犧牲午睡，每天中午去練習，直到得到老師的讚賞。

後來從師專畢業，當兵、當老師、畫漫畫、從事發明工作，我表面嘻笑耍寶，但為了養家、維生，我從來不敢放鬆，總是自動自發，認真做好每一件工作。即使到現在，我也維持每天五點半起床，開始工作整天，直到日落的習慣。

我一直以為，我的努力和認真，多遺傳自祖父和父親。

祖父務農，十分認真，他的茶園因為水土保持得宜，當選為日據時代的模範茶農，還得到新竹州州長的親自獎勵。印象裡，我的父親也是整天忙個不停。他身兼四、五職，家裡的田要種，又請了四、五十個工人，在山的背面開礦。我們家不但自己種茶，還向其他茶農收茶葉，將茶收集起來後，走一個半小時的山路，挑到工廠去賣。

我父親就是太認真了，要種田、開礦、收茶葉、做買賣，白天晚上都在拚，拚著拚著，身體才會早早就出了問題。

但我後來才察覺，其實我的媽媽，一樣是個很認真的人。

◇鄉公所有請雷公媽

在二次世界大戰尾聲，有一天，一名鄉公所的公務員，忽然來到大山背劉家大院。當時台灣仍是日本的殖民地，鄉公所的公務員很有權威，受到隆重的對待。他來我家的目的，是請祖父出任村長。

「請我做村長？」祖父搖搖頭，又搖搖手，說：「不行啊！我不識字，怎麼當村長。」「那沒有關係！」「怎麼會沒有關係！」……在祖父再三推辭不就後，對方終於說出真正的來意，說：「我們其實是看準你的兒媳婦。有她，你就可以當村長。」「我的兒媳婦？」「對啊！」他說：「就是那個嗓門很大，講話像打雷一樣，被人家叫做『雷公媽』的那一個！」

鄉公所來人說的不是別人，正是我的媽媽大嬸婆。

大山背的人一般嗓門都不小，但我媽媽卻是當仁不讓的冠軍。大嗓門，正是大嬸婆的天生美技。

日治時代，大山背鄉下沒有電話，更沒有手機，很多連絡溝通的事情，不是靠跑腿，就是扯起喉嚨喊叫。久而久之，大家都成了大嗓門，隔著老遠地打招呼、聊天、通知事情。就是在這樣的環境下，大家很快就發現，剛嫁到大山背的赤腳新娘，後來的大嬸婆，天生一副大嗓門，音色嘹亮、高亢，音域寬廣、中氣十足，和後世西方歌劇名伶相比亦毫不遜色。

因此，中午時分來到大山背，只會聽到一聲嘹亮的「欸～～阿坤哦！轉來食飯囉～」而不是各家招呼家人回家吃飯的聲音此起彼落的熱鬧光景。

這是因為當大家發現，聰明的大嬸婆拿漏水的水桶當時鐘，將午飯時間掐得剛剛好，而且她叫男人回家吃飯的聲音全村都聽得見後，默契一致的決定：「反正大嬸婆的聲音大，時間又準，乾脆大家照大嬸婆喊的時間回家吃飯就好了。」

從此，大嬸婆成了人形鬧鐘，而且是超大隻的人形喇叭，音量採「漸強」模式，簡直不輸天雷落地。「雷公媽」名聲於是傳了出去，這才讓鄉公所動了「請祖父當村長，讓大嬸婆發聲」的主意。

他們看上的，就是大嬸婆這支超級無敵、堪比播音站的人形大喇叭。

◇人形大喇叭出馬當村長

日治時代晚期，村長是個辛苦差事。因為日本的太平洋侵略戰爭已進行了一段時間，台灣的壯丁、年輕男人，不是被派到前線為皇軍賣命，就是被調到各地去當軍伕或奉工。村子裡青壯男人很少，多是老弱婦孺。

偏偏處於戰爭期間的政府事務繁雜，要傳達的政令及通知很多，許多都有時效性，偏偏鄉下沒有電話，又不能靠寫信，於是每逢要奉工或繳集糧食、馬草、大梵天花皮、篦麻子……時，只能靠村長挨家挨戶跑去通知，十分辛苦。

主要原因是鄉下幅員遼闊，尤其像大山背這種偏鄉僻野，一個村包括了一大片丘陵地上的人家，中間還隔了幾座山和一條河。因此，雖然一村沒幾戶人家，但如果一件事情要家家通知，費時又費事，花一整天的時間，從早到晚，上上下下地跑，還不一定跑得完。

因為戰爭關係，大山背村長一職出缺了好一陣子，鄉公所派來代理的人，很快就發覺這個工作吃力不討好，跑腿的活兒太多，又忙又累，大家畏之如虎，只好輪流。於是，有人想到了大嬸婆的大嗓門，建議鄉公所：「乾脆叫大嬸婆來做好了！」鄉公所考慮到了大嬸婆畢竟是婦女，怕她威望不夠，於是請爺爺出馬。

「既然事情是要由大嬸婆來做，」祖父一聽，明白了事情原委，原來是要大嬸婆出力，來當人形大喇叭，「村長當然應該由她來當。不過，還是應該要問問她。」

本來就很熱情的大嬸婆，很爽快地答應了鄉公所的請託，自願擔下這個跑腿兼廣播的工作。於是，大嬸婆就被指名擔任村長了。

◇人形大喇叭的智慧

因為大嬸婆的嗓門夠大，許多以前引以為苦的事情變得簡單、輕鬆了。

當鄉公所有事要通知大家時，大嬸婆也不用挨家挨戶跑。她會趁大家白天工作時，跑到全村最高的地方，開始放聲喊：「喂～各位村民，大家注意聽！X月X日幾點鐘，大家在樂善堂集合，要去開路奉工！」或者如：「中元節到了！我們要修一條路，讓好兄弟到我們家來吃拜拜……整條路要一天整理出來，年輕的帶鐮刀、掃刀砍樹，弱小的帶鋤頭、小鐮刀，大家量力來參加，記得……」大多數人得靠廣播大喇叭才能完成的工作，大嬸婆卻輕鬆地達成任務。

而且，這個人形大喇叭還是「智慧型」的。雖然沒當過官，但大嬸婆天生熱情，做事又認真，會替人著想，碰到分派勞役或政令宣導，也不會硬邦邦照本宣科。例如，碰到村民最痛恨的奉工，她會這麼「宣導」：「好啦！全都聽到了，大家知道了哦！到了那天，大家都要準時集合，一起開路，將連絡村道弄得乾乾淨淨，該除的草除掉，該弄的石頭弄掉。」或是：「中元節讓好兄弟來吃大拜拜，是很好的活動哦！每年要整理一次，公家單位可不會管我們鄉下的小路，全要靠我們自己團結來做。我們很團結，再加上好兄弟一點神力幫忙。如果不做，大家心裡會有一點麻煩哦！」

經過大嬸婆這麼「宣導」，被各種勞役壓得怨氣叢生的村民們才覺得好過一些。

戰爭期間當台灣開始遭受到盟軍飛機轟炸時，大嬸婆更將人形大喇叭的功能發揮到淋漓盡致。

大嬸婆當村長時，二次世界大戰已近尾聲。但在大山背，戰爭的氣息不但沒有消減，反而更加濃厚；因為美國人的飛機，幾乎天天來轟炸。聽大人說，這些飛機是從很遠的地方飛來，有的從中國，有的從菲律賓，還有人說是從海上的一條大船上起飛。但這種說法，我們根本不相信。因為我們常被派去新竹機場奉工，知道飛機起飛要有一條長長的跑道，怎麼可能會有裝得下跑道的船啊！

此時在台灣的日本軍隊，似乎也沒多少飛機了，至少在盟軍飛機來轟炸時，我們很少看到日本飛機和美軍飛機對戰的場面。既然沒辦法抵抗，只好加強防空。於是，鄉公所督促各地挖防空洞、儲備糧食和水，做好空襲及消防的準備。一聽到空襲警報，大家就要盡快躲進防空洞。

每次轟炸的美軍飛機要來之前，派出所都會發出防空警報。防空警報是一長聲、兩短聲：「嗚～嗚嗚……」，到飛機接近時，要發緊急警報，則是「喔．喔．喔」的連續短聲。那些聲音，到現在我都還記得很清楚。

◇大嬸婆人形警報器誕生

大山背雖是窮鄉僻壤，但受到的空襲威脅與恐懼可不少。

大山背本身雖沒什麼戰略價值，但它正好位於盟軍飛機的轟炸路線上。每次轟炸機要飛往新竹、竹東等目標地區時，都會在大山背上空進行轉折。

因此，我常趁空襲警報響起來時，跑到大山背最高的山上，躲起來，偷看轟炸機俯衝後往新竹飛。由於距離很近，加上我躲藏的位置比空中轉折點高，有時甚至可以看到飛機上的人。有一次，有一名飛行員居然也看到了我，於是，我還和他招招手。

同村的一些調皮孩子，和我一樣，不管大人如何嚴厲禁止，每次聽到空襲警報響起時，就會冒著被毒打的可能，想辦法溜到山上去看飛機丟炸彈。我們只見多架飛機排成一行直線，對著我們飛來，然後在我們面前轉彎、俯衝、進場、投彈……一些黑黑的像蛋又像蒼蠅的東西，從飛機肚子下冒了出來，往地面掉落，接著就會看到地面上出現一團團滾滾塵煙與火光，然後傳來「轟轟隆隆……」的巨響。

這樣的場景，我們常常看得目瞪口呆，目不轉睛。雖然明明知道，炸彈丟下來，下面的人或房子、馬路、鐵路……都會很悲慘、很可憐、很恐怖……但我們還是忍不住偷偷跑去看，只是不敢讓大人知道。

有時候，這些飛機還會丟下許多傳單。我第一次看到漫畫，就是這些漫畫的傳單。到現在，我還清楚記得，那是一張叫做「南瓜大尉」的四格漫畫，描繪日本大尉（南瓜）欺負台灣小兵（兔子），讓小兔子揹很多東西，甚至過河時，把長靴子脫下來交給兔子。滿手都是東西的兔子沒辦法，只好一邊一隻，倒扣在兔子耳朵上。漫畫中，大尉的凶橫和兔子無奈的表情，令我先是哈哈大笑，又忍不住玩味再三。

不料，有一天，派出所的警員找上門，滿臉緊張和焦急。一問下，原來警報器壞了，沒有辦法發警報。大家亂成一團時，有人靈機一動，建議：「去找大嬸婆幫忙。」所以他們匆忙趕到我家。

他們一進門，就拜託大嬸婆：「大嬸婆，拜託妳！今天防空警報器壞掉了，沒辦法發警報，妳的聲音很大，來幫忙發警報好不好？」

「什麼！要我發警報？」大嬸婆對這突如其來的請託也不知道如何是好，「警報要怎麼發？我可不會！」

「妳一學就會了！」警員不容大嬸婆反對，交代她：「反正每天都會有空襲轟炸，大概每天十點鐘的時候飛機就會到。」接著，他向大嬸婆示範，「到了九點半，妳就先發『嗚～嗚嗚……』一長聲、兩短聲的防空警報；到要發緊急警報時，就是一直發『喔、喔、喔』的連續短聲，就這樣喊，可以吧？」

「好吧！我就試看看！」大嬸婆推卻不掉，只好勉為其難答應。

◇自創一格的空襲警報

第二天，在發空襲警報前，大嬸婆就到派出所了，先反覆練習了好幾遍防空警報的嗚法。

本以為一切就緒，但等到要發緊急警報時，大概太緊張，她一下子忘了警報該發幾長聲或幾短聲。眼見約二十架左右的轟炸機已經在編隊了，她心裡急得要命，「這可是人命關天的大事！」

忽然間，她想起鄉下人每次看到老鷹在天上盤旋，準備抓小雞時，就會揮舞雙手，大聲去趕老鷹，並喊著：「鷂（音同「亞」）婆・呵～呵（音同「厚」）。」鷂婆是客家話，就是指老鷹；「呵～呵！」就是趕人走開時發出的聲音，也就是「滾蛋！」的意思。她就想，乾脆就喊：「飛行機，呵～呵！」「飛行機，呵～呵！」客家話中的「飛行機」就是「飛機」。

看著飛機來，她就一直喊著：「飛行機，呵～呵！」……她一直喊、一直喊，而且喊的很大聲，全大山背都聽得清清楚楚。

沒想到，那一天，不知道怎麼一回事？飛機竟然沒有轟炸附近的竹東地區。大家眼看著轟炸機編隊飛行，發出「轟隆、轟隆」的巨大噪音，然後竟轉向，飛走了，改去轟炸別的地方。

後來才聽說，那一天，飛機去轟炸新竹，沒有來炸竹東，造成新竹重大的損害。大山背的人就想，這個大嬸婆太神奇了！好厲害！「飛行機，呵～呵！」兩聲，居然就把飛機趕走了。大家都讚：「大嬸婆好了不起！」難得客氣的大嬸婆居然不好意思，推說：「我只是放個警報而已，沒什麼！這是村長該做的事。」派出所的人乾脆建議：「這樣好了，反正每天飛機都會來轟炸，妳就每天來『飛行機，呵～呵！』一下，把飛機趕走，好不好？」

「好啊！」熱心的大嬸婆一聽，馬上就答應下來。

以後幾天，時間一到，大嬸婆就來趕飛機：「飛行機，呵～呵！」很奇怪，在她喊的幾天，美軍的飛機都沒來轟炸竹東，改去轟炸別的地方。所以大家都說大嬸婆：「了不起！能把飛機趕走。」

大家都這麼相信。「大嬸婆能趕飛機」的說法於是就此流傳下來。

講完了長長的「大嬸婆趕飛機」的故事，時間已晚，小漢娜只來得及發出幾聲「大嬸婆so cool！」的讚嘆，就被媽媽催著去洗澡、刷牙、換睡衣，上床睡覺了。

管閒事適可而止

「適可而止」的意思是「恰到好處就停止，不再繼續下去。」它的同義詞是「恰到好處、恰如其分」，反義詞是「過猶不及」。

——教育部重編國語辭典修訂本

一大早，穿著可愛的卡通人物小睡衣的漢娜才剛睡醒，就睡眼惺忪地跑到書房來。

這時，我正在畫畫。

「阿公，你在畫什麼？」

「畫大嬸婆罵飛機啊！」我停下畫筆，前一天晚上和小孫女講的故事，觸動回憶，讓我想起很多往事，早上一起來，就連忙磨墨、鋪紙、揮毫、作畫。

「So cool！」小漢娜依舊用出她的最高讚嘆語。

「其實，」我停了一下，加強說話的效果，「有時候，事情做得剛剛好，不多不少最好，不要做得太多，做超過了。」

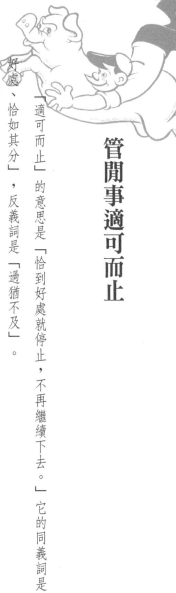

「阿公，你是說不要too much嗎？」漢娜睜著一雙疑惑的大眼睛看著我，我輕輕點點頭。

◇大嬸婆把飛機罵下來

自從大嬸婆這人形警報器發揮「警報兼趕飛機」的功能後，有好一陣子，美軍的轟炸機都沒在大山背出現了。

有一天，大嬸婆想，反正天天喊，也沒有見到飛機來，不如今天就休息，不喊了。於是，她就跑到油羅溪去摸蛤仔、抓蟛蟹。

結果真是巧，自從答應警察局當人形警報器後，大嬸婆做事一向很認真，每天風雨無阻報到、放警報、趕飛機。結果，那一天她沒去趕飛機，當天飛機就把竹東炸得一場糊塗。

轟炸過後，很多人都怪罪大嬸婆：「大嬸婆，都是因為妳沒有來喊『飛行機，呵～呵！』，竹東才會被炸得那麼淒慘。」後來才知道，那次是盟軍飛機最後一次轟炸竹東地區。

認真工作的大嬸婆居然被大家罵怠忽職守，因此心裡很氣那個飛機，「我準備好了，你不來；我去摸蛤仔，你就跑來作怪！害我被大家罵。」她從心裡恨上了那些飛機，總想要再找機會來痛罵飛機。但後來大山背就一直再沒有飛機經過。

沒過多久，台灣光復了，看起來大嬸婆好像永遠都不會再有機會去喊：「飛行機，呵～呵！」了。

有一天，大山背大霧迷漫，忽然大家又聽到有好一陣子沒聽到的飛機噪音，而且那個聲音特別大聲，非常清楚。經驗豐富的大山背村民都知道，這就表示飛機飛得很低、很近。

一直未忘記飛機帶給她恥辱的大嬸婆，好不容易再聽到飛機聲，馬上衝出家門，手指著天，對著天上破口大罵，把所有的壞話、不好的話，包括要飛機「不得好死」「碎屍萬段」「死無葬身之地……」等等，統統都拿出來罵，幾乎大山背的人都聽見了。

奇怪的事情發生了！隨著大嬸婆的破口大罵，飛機的聲音變得不一樣了，「嗡……嗡……喔……咚！」一聲比打雷還要大聲的巨響之後，有人大喊：「哇！飛機真的掉下來了！」

飛機在大霧中，不知發生了什麼事，一頭栽進我家的田裡，將田裡撞出了一個大坑。後來我們才知道，那是一架美國的運輸機，上面有七個人，聽說其中一個是來台灣就任的美軍大官，結果全部罹難了。

以撞出來的坑為中心，飛機殘骸和物品散落了一大片。消息馬上就傳開來了，附近的人紛紛聞聲趕來。很多人撿走了很多東西，聽說還有不少人撿到黃金、美鈔等，就連屍體上的一些首飾也被人剝走了。直到墜機第二天，官方才派人來把屍首撿起來、運走。

雖然屍首運走了，但大家對於飛機為何掉下來卻有很多揣測。「飛機怎麼掉下來的？」很多人鐵口直斷地說：「飛機是被大嬸婆罵掉下來的！」

對於這樣的結果，大嬸婆自己也嚇了一跳，「難道自己有那麼大的威力？」一向聲如雷鳴的她，那幾天也沉默了許多。每當她看到田間滿目瘡痍的大坑，都不禁自問：「我是不是喊得太大聲了一點？」

◇是非皆因多開口

自從把飛機罵得掉下來後，不但大嬸婆感受深刻，大山背的人開始口耳相傳：「大嬸婆可不得了，真厲害，她不只能趕走飛機，還能把飛機罵掉下來。」「大嬸婆說話很毒，說好說壞都很靈驗」等說法。大嬸婆雖然不服氣，但也無可奈何。

這些話傳開來後，大山背流傳了一句話：「不怕虎，不怕蛇，就怕碰到大嬸婆！」大家都很怕她，怕她開口罵，一罵就靈驗，這讓很多人受不了。

於是，大嬸婆沉靜了好一段時間。

有一次，大嬸婆一個親戚生了一個兒子，滿月時請吃滿月酒，請了很多親戚朋友一起去。但主人家很擔心，因為印象中大嬸婆不會說吉利話，偏偏又很毒舌，說出的話很靈驗，生怕她不小心在喜宴上說出不好的話。

因此，一起去赴宴的親戚特地警告她說：「妳要把嘴巴閉起來哦！吃飯就好，不要亂說話。」她果然很聽話，在宴會的過程中，從頭到尾都沒有講過一句話。最後要回家的時候，她就跟同行的親戚、朋友講：「我今天一句話都沒有講，萬一那個小孩有三長兩短，可不能怪我哦！」

可惜，那個孩子真的隔沒多久就死掉了。於是，大嬸婆「毒舌」的說法再度流傳，大家又對她提起戒心。大嬸婆心裡很鬱悶。

後來，我看到有類似的笑話流傳，心想，「原來這個世界上還真有和大嬸婆一樣的人。」

有一天，她又碰到那個當初叫她不要開口亂講話的年輕人。她很生氣地對那個年輕人說：「你這個么壽囝仔，那一天你叫我不要開口，我就沒開口。我講好話，一樣很靈驗，要是我講好話，說這孩子會長命百歲，搞不好他就不會死掉，都是你這個么壽囝仔害的。」

看大嬸婆生氣了，那個年輕人嚇得半死，生怕大嬸婆講出什麼「不得體」的話。直到聽到大嬸婆說：「我不要再管你們這些閒事了！」他才放下心。

◇吃麵吃出個洗碗義工

雖然大嬸婆受到不少打擊，但要生性雞婆而熱情的她不去管閒事，那是不可能的事情。事實上，她不但繼續以管大山背的閒事為己任，就連江湖上的閒事也沒少管。

有一次，大嬸婆到竹東一家麵攤上吃麵。麵攤的主人是一位婦人，是她的一門遠親。這親戚家孩子很多，本來先生會來幫忙照顧麵攤生意，但後來先生生病，沒辦法來幫忙，就只剩她一個婦人家，一面帶孩子，一面照顧麵攤子。客人一多，她就忙得不可開交，手忙腳亂，難以照顧所有的事情。

大嬸婆見到她如此忙碌，就自告奮勇，要幫她洗碗。老闆娘雖然覺得不好意思，但確實需要幫手，就答應下來。於是，本來只是來吃一碗麵的大嬸婆，便成了麵攤的洗碗義工。

因為要幫親戚洗碗，大嬸婆託人傳話回家後，就暫住在她家。她一向隨遇而安，哪裡都住得慣，即使簡陋點也無所謂。她想，反正時間不長，等老闆病好了，她就可以回家了。

◇使絕招小流氓也低頭

有一天，攤子來了一名流裡流氣的年輕男人，吃了一碗麵後，說要收保護費。看到這個男人，老闆娘沒有講什麼，默默地拿了一筆錢給他，那人收了錢就走了，也沒有多講什麼。

大嬸婆覺得情況不對，問老闆娘：「那個人是來收賬的嗎？」

「不是。」

「那為什麼他吃了麵，不但不付錢，妳還要給他錢？」

「他是來收保護費的。」

「原來是收保護費的。」大嬸婆沒有再問下去，心想，「原來這個攤子是有人『保護』的。」

她以為，繳了保護費之後，只要有人來干擾攤子，就會有人跳出來履行「保護」的責任。

過了幾天，警察跑來取締麵攤，說是無照攤販。大嬸婆一想，「警察取締＝找麻煩」。於是她趕快跑去找到前兩天來收保護費的那個人，說：「快！快！快！有人來找麻煩！」那年輕人跟著大嬸婆跑向麵攤。跑近一看，原來是警察，轉身拔腿就跑，步伐飛快，一下子就不見人影。

大嬸婆想，「奇怪！既然你收保護費，為什麼警察來找麻煩，你不來保護？」心裡有疑惑，於是大嬸婆跑去問老闆娘：「既然收了保護費，有人來找麻煩，他應該出面來保護啊！」

「保護費只是講好聽的。」老闆娘知道大山背沒有小流氓，所以大嬸婆搞不懂這到底是怎麼一回事，於是詳細解釋：「他是小流氓，專門來搗亂的，不給他錢，他就會來搗蛋。」

「原來是這樣！」大嬸婆恍然大悟，氣得不得了，「這不就是惡霸嘛！」

過了幾天，小流氓又來收保護費。老闆娘才剛被罰了一筆款子，沒有多餘的錢，於是向他苦苦哀求：「先生生病，小孩又多，實在沒有辦法拿出那麼多錢。」那個小流氓也不囉嗦，拿起一疊碗盤就往地上摔。

「砰！」的一聲巨響，碗盤碎了一地。

正在洗碗的大嬸婆看在眼裡，氣道：「好啊！你這個小流氓好可惡！」站起身來，捲起袖子，一付要和小流氓理論的樣子。

但小流氓根本沒把大嬸婆這個鄉下婦女看在眼裡，理都不理她。沒想到，大嬸婆忽然竄到他身前，一抬手，就給了他兩、三拳。小流氓一下子不曉得如何應付。

大嬸婆雖然沒有學過武術，但經常下田做事，力氣又大，手腳都很俐落。兩、三拳揮下去，打得小流氓人仰馬翻。得手之後，大嬸婆毫不客氣，乘勝追擊。尤其她還有最厲害的一招叫「葉下偷桃」，專門對準男人最重要部位進攻，再強壯的人若著了道，也會軟消下去。

小流氓被揍了一頓後，嚇得落荒而逃。

◇獨木難支眾攤販

這個消息馬上傳開來：「幫麵攤洗碗的大嬸婆居然將小流氓趕跑了！」一時之間，大嬸婆威名赫赫。其他的攤販心想：「如果能請大嬸婆來幫我們洗碗，不也就等於多了保護一樣！」於是，紛紛跑去找大嬸婆，講道：「我們也忙不過來，需要人來幫忙。」大嬸婆心很軟，一聽人家需要幫忙，就跑去幫忙。

一家、兩家……越來越多家的攤販都跑來要求大嬸婆幫忙；她忙來忙去，實在忙不過來。還有一次，因為忙著「趕場」，還把人家的盤子都打破了，自己只好偷偷拿錢買盤子還給人家，也不敢讓人知道。

後來，大嬸婆實在忙不過來了。她就對大家說：「我一個人，實在也幫不了那麼多人，你們還是得自己請人才行。」

「我們也可以付妳工錢啊！」一個攤販提議，其他人也紛紛附和，「對啊！我們可以付你錢。」

「咦！怎麼聽起來，像是換成我在收保護費了。」大嬸婆忽然警覺，「不對啊！我只是幫忙人家，又不是要靠這個吃飯。」

她心裡明白，人家來請她幫忙，主要是為了對付小流氓而已。「可是這樣下去，到底要幫哪家好呢？」大嬸婆真的很苦惱，開始想：「自己是不是真的管太多閒事了？」

幾經考慮，她後來決定：「乾脆統統不要幫好了！」但更傷腦筋的是：「要怎麼拒絕，才不會傷了大家的心。」大嬸婆熱心有餘，卻不擅長拒絕別人，一下子竟有些為難起來。

後來，那個小流氓懾於大嬸婆的功夫，對攤販的態度改善了，不再像以前一樣橫行霸道。大嬸婆乘機就不再去幫其他攤販義務洗碗了。於是辭卻大家的熱情邀請，依然回去親戚的麵攤幫忙。

過了一個多月，麵攤老闆的病總算好了，熱心的大嬸婆也終於可以啟程回家了。在她動身的那一天，許多攤販都趕來送行。他們雖然都不富裕，有的甚至很窮，但也都知道感恩，買了一些補品如高麗蔘茶等，送給大嬸婆。

大嬸婆滿載而歸，威名更是遠征到了竹東，那些攤販送的補品就像是表揚狀似地放了滿屋子。

身體就是一塊田

身體就像一塊田，要如何去翻土、除草、抓蟲、插秧、施肥、灌溉……全在你自己。當然，最後的收穫是否豐美，也全在你自己。

和小漢娜講完大嬸婆和小流氓大打出手的故事後，我問她：「大嬸婆厲不厲害？」

「厲害啊！」小ㄚ頭頗為有一個會「功夫」的祖婆為傲，但她對結果還是很好奇：「那她後來呢？是不是不再管閒事了？」

「漢娜覺得呢？」

小漢娜搖搖頭。

「要改變一個習慣不容易，所以要慢慢來。」我點點頭，並且再補充，「就像種一塊田一樣。」

小孫女聽了，先是點點頭，然後露出疑惑的表情，「阿公，什麼是『種田』？」

我拍拍額頭，忘記自己是在和小孫女說話，而不是和女兒閒聊，從小在美國長大，她哪裡看過水稻田……「唔，就和在花園裡種花一樣，要小心澆水、施肥、除蟲，花兒才會長得漂漂亮亮，健健康康。」

一面和小孫女解釋，我一面心裡想著，不管是下田或種菜，大嬸婆雖然都是一把好手，但可從來沒種過花。

◇神奇的韭菜

大嬸婆不但會種田、種菜，而且懂得一點草藥和藥理。

大嬸婆年輕時，有個親戚是漢醫，開了間漢藥鋪，大嬸婆常去藥鋪玩，所以懂得很多草藥的療效。小時候，如果我們有什麼小病小痛，很少去看醫生，都是靠大嬸婆拔一些草藥回來，捶一捶、搗一搗，喝那個汁，病就好了。因此，村中的婦人小孩，若有輕微的身體不適，也會上門來向她請教。

有一天，大嬸婆從竹東回大山背時，經過一個叫田寮坑的地方，想起爸爸的結拜兄弟「打石蕃」，於是上門探視。「打石蕃」姓吳，小名叫「阿蕃」，我們都稱之為「阿蕃叔」。因為他是打石頭的師傅，所以人們都稱他為「打石蕃」。

以前的打石師傅很吃香，收入相當不錯。因為不管是蓋房子、做家具、器具，很多地方都要用到石材。阿蕃叔年輕時娶了田寮坑的美女，人很漂亮，身材、皮膚都好。夫妻感情很好，很恩愛。

阿蕃叔走到哪裡她就跟到哪裡。每次阿蕃叔去河邊打石頭，她都跟著去，夫唱婦隨，大家都很羨慕。但他們夫婦有個遺憾，就是沒生孩子。這在早年是很嚴重的事。

大嬸婆和阿蕃嬸算是熟人，每次經過田寮坑，都會上他家坐一坐，聊一聊。這一天，阿蕃嬸對大嬸婆說：「妳好厲害，生了十幾個孩子，我一個都生不出來。妳有什麼秘方沒有？」

聽到阿蕃嬸向她討教生孩子的秘方，大嬸婆半開玩笑地說：「很簡單，妳讓他多吃韭菜就好了。」大嬸婆並不是無的放矢，她以前就知道，韭菜又稱「起陽草」，對男人很好。

想不到，阿蕃嬸果真照辦，先買了一些韭菜給先生吃，後來自己也種了很多韭菜。巧的是，田寮坑的水質還特別適合種韭菜，韭菜長得特別好。打石蕃密集吃韭菜後，果然生了孩子；不僅如此，他還因為精力太旺盛，後來找了個小老婆。

這件事情傳開了。田寮坑很多人跟著就種韭菜，久而久之，田寮坑竟然成了韭菜種植專區。這裡生產的韭菜特別肥美、可口。

當地一家餐廳，知道了這段淵源後，除了推出以「大嬸婆秘笈菜」為名的韭菜特色菜，還豎立一個大嬸婆和韭菜雕像的立體招牌，吸引了很多客人。

◇不快樂的妹妹

人勤地獻寶，人懶地生草。——客家諺語

大嬸婆有一個妹妹，嫁到竹東一個地主家。地主是有錢人，有很多田，佃給佃農種，靠收租佃過日子；而且，家裡請了好幾個傭人，她什麼都不用動手。衣食豐美，生活悠閒，日子過得愜意，大家都很羨慕她，「這個人怎麼命那麼好！」

有一次，大嬸婆去看她，她請大嬸婆吃飯。這餐飯很豐盛，有雞鴨魚肉，還有很美的蔬菜，在大嬸婆眼裡，可以說是山珍海味，樣樣俱全；但她妹妹卻一直在抱怨，一下說這道菜太鹹，那道菜太淡，這個不好吃，那個已經吃膩了……等等，批評一大堆；而且，她同時還一直在抱怨身體不舒服：「真糟糕！全身不是這裡痛就是那裡痛……吃不下，又拉不出來……」總之，整個人都不對勁。

生活這麼豐饒富足，她卻一點兒都不快樂。

大嬸婆人情通達，自然明白，這不是真的有什麼毛病，是命太好，被慣壞了。因為家裡有傭人伺候，什麼都不用做，身體懶散了；吃得又好，口味變刁了，到了最後，再好吃的也變得不好吃。

雖然大嬸婆已經決定管閒事適可而止，但畢竟是自己妹妹，情況自然不同。她想了想，說：「這樣好了！妳還沒到過我家，不然妳和我回家，在我家住幾天。」妹妹心想，日子無聊，到鄉下玩也不錯，就答應了。

第二天一大早，她要帶著傭人跟大嬸婆一起回家。大嬸婆卻說：「不行！不行！妳可以來，但我們家小，可沒地方讓傭人住。」看到妹妹猶豫，她說：「反正我什麼都會做，妳要做什麼，我幫妳就是了。」妹妹答應了，就跟著大嬸婆來到大山背。

因為大山背交通不方便，進出都是靠走路。妹妹跟著大嬸婆走了老半天，腰痠背痛腳又疼，大嬸婆扶著她，要她慢慢走。走到快到中午時，兩人才進入大山背。這時，離家還有一小段路，但她妹妹沒辦法繼續，再也走不動了，因為她快餓死了。

走了半天，大嬸婆也餓了，但大山背既無餐館也無小吃店，實在沒辦法，大嬸婆於是到附近一個有交情的人家，問：「你家裡有沒有剩飯、冷飯？」

「還有一點摻番薯的冷飯。」鄉下人很好客，但生活條件很困窘。

「有什麼菜？」

「沒什麼菜，只有一點醬瓜、豆豉。」

「這就行了！」

「妳那個妹妹看來是有錢人，能吃這個嗎？」

「她現在不吃也不行了。」

妹妹太餓了，平常絕對不下口的番薯稀飯配醬瓜，不但一口接一口，還讚嘆道：「唉！從來沒有吃過這麼好吃的東西！太棒了！」「鄉下人平常都吃這麼好吃的東西嗎？」「好久沒有吃得這麼痛快了！」

大嬸婆聽了，快要笑死了，心裡想：「這是鄉下最粗陋的東西，妳吃得這麼香，並不是東西香，而是妳太餓了。」但是大嬸婆沒說什麼，只告訴她：「東西沒有好壞，肚子餓了就好吃。」

◇床沒有好壞，累了就好睡

粗茶淡飯，養生之道。勤勞多動，健身之本。

到了傍晚，總算走到家了。大嬸婆的妹妹從來沒有這麼累過，疲累不堪，舉步困難，勉強捱到家裡，一心只想倒下來好好休息，連晚飯都不想吃了。

平常在家，她幾乎日日失眠，晚上輾轉反側睡不著。但到了大嬸婆家，洗一個熱水澡，簡單吃一點粗糙的食物後，往鋪著草蓆的木板床上一躺，一條爛棉被一蓋，馬上就睡著了，而且睡得很好。第二天，她一起來，就告訴大嬸婆，睡得好舒服，「好久沒有睡得這麼舒服了！」這時，她才發覺床和棉被很簡陋，大嬸婆笑著對她說：「床沒有好壞，看妳累不累，累了就好睡！」

這時，正好碰上花生的採收季節，大嬸婆每天忙著收成農作物，根本抽不出空來陪妹妹聊天或在家招待妹妹。她很不好意思，對妹妹說：「妹妹，對不起啊！我都不能騰出時間來陪妳，因為花生如果這時不趕快拔起來，過幾天就拔不起來了！」花生成熟時，如果不即時採收，拔花生時，果實會黏在泥土裡，不好拿出來。

收穫花生時，不但要將花生從土裡拔起來，還要將果實從根上一顆顆取下來，這工作一般都在家裡做。大嬸婆就對妹妹說：「既然我沒有時間陪妳，乾脆妳來幫我的忙好了。我們可以一面聊天，一面工作。」於是，妹妹也動手來幫忙了。

大嬸婆不把妹妹當成要人伺候的有錢人，不但沒有特別空下時間來陪她，反而事事都招呼妹妹：「妳跟著我去做……」於是，姊妹倆一起到菜園種菜、澆水、採豬菜、養豬、撿柴火、煮飯……一個人在家裡也很無聊，為了和姊姊講話，妹妹只好一起幫忙做東做西。

妹妹每天陪著大嬸婆工作，忙得要死。到了要吃飯、休息時，往往已經又餓又累，飯吃得又多又香。有一天，大嬸婆問她：「妳還會像以前一樣沒胃口嗎？」

「怎麼會！我餓得不得了。」

「我們吃的都是青菜、粗飯，沒什麼好吃的肉菜，妳吃得下嗎？」

「唉呀！比家裡好吃多了。」

平常她家裡都是大魚大肉，又不用工作、勞動，肚子不餓，當然吃不下、吃不香。現在到了大嬸婆家裡，她每天忙著工作，肚子容易餓，當然吃得多、吃得香；工作累了，自然也睡得很好。而吃多了富含纖維質的蔬菜和糙米飯，連便祕也好了。

她覺得，住在大山背真好，以前這裡痛、那裡痛，渾身不舒服，現在都已經好了，一點事情都沒有。

◇身體就是一塊田

勤勞身體好，懶惰催人老。——客家諺語

日子過得很快，她在大山背住了一陣子，身體好多了，不再這裡痛那裡痛了，精神也很好。她對大嬸婆說：「原來做事是這麼快樂，會忘記這裡痛、那裡痛。」

她很喜歡住在大山背，打算在大山背買一塊地，蓋一間房子，住在這裡。大嬸婆勸她：「妳要短暫住可以，但如果要長期像我們這樣工作，妳會受不了的。」不久，她就回竹東家裡去了。

沒過多久，她的老毛病又犯了，腰痠背痛、晚上失眠，原因都一樣：吃得太好、傭人伺候太周到、沒有勞動，又不去運動。她一想，「還是到大嬸婆家裡去好了。」待了一陣子後，身體總算又改善了。

但同樣的情形一再重複發生，到最後，她不到五十歲就過世了。聽到妹妹過世的消息，大嬸婆搖搖頭，感嘆：「身體就是一塊田，還是得靠自己好好幹活兒，自己去注意，才能長得好啊！」，然後躲起來，大哭了一場。

聽完故事，小孫女發表意見：「大嬸婆好可憐！她妹妹都不聽她的話，不好好種田，最後就死掉了。」

「對啊！」我附和她的看法。

幫助人最快樂

……我的心好像忽然被打開了，從裡面冒出一種說不出來，很深的快樂，這是一種美妙而又奇特的感受。

——陳樹菊．《不凡的慷慨》

「阿公，」我正在埋頭畫畫時，小漢娜兩三下就爬上我膝蓋，睜著烏溜溜的大眼睛看著我。然後，開口就問了我一個很難回答的問題，「你是不是和祖…婆很像？」小孫女不太習慣「祖婆」這個拗口的稱呼，講得結結巴巴的。

「我？祖婆？」我心裡想，這小丫頭不知道是指長相、脾氣、個性……？先不管了，隨便應付一下，「她是我媽媽，當然會像。」

「不是！不是！」小漢娜揮手阻止我，解釋：「媽媽說，你和大嬸婆一樣，也很喜歡管閒事。」

「管閒事？」我馬上否認，「不一樣！不一樣！我是喜歡幫助人，是熱心，不是愛管閒事。」

「有什麼不一樣？」漢娜疑惑地看著我。

一下子，我不知道如何解釋。

◇台車驚魂記

雖然不太情願，但又不得不承認，我畢竟是媽媽的孩子，身體裡流著媽媽的熱情、雞婆、好管閒事的血液。

從小，同學或同伴間碰到難題或問題，往往是我第一個跳出來：「我來幫忙（想辦法、動腦筋、出力氣、做事情）！」一方面是因為我喜歡動腦筋，挑戰腦力，解決問題；另一方面，自然就是大嬸婆的遺傳了。

雖然我並未「刻意」想去幫助別人，但幫助人也有一個「學習」的過程。我真正體會到「助人」的需要，以及被幫助人的心情，卻是來自於少年時期一次並不太愉快，甚至可說是令人相當恐懼、害怕的親身經驗，印象鮮明，至今難忘。

而且，有一段時間，我的心情因此而相當憤慨、失落。

小學畢業時，我想到芎林去上中學，繼續讀書。芎林在竹東對面，若從大山背走到芎林，要花上半天時間。路途中最困難的一段，就是橫跨頭前溪的橋。

頭前溪很寬，有好幾公里，而那橋很高、橋面卻很窄，因為它是走台車的橋，並不供人走；一般人也不敢走在那上面，因為很危險，當台車過來時，除了軌道上有幾處可供立足的藏身點外，根本無處閃躲。所以，一般人都走在河床上的便橋。這種便橋，大水一來就沖掉了。

那一天，我要去芎林參加中學的入學考試。一般小學生在考試之前，都是忙著讀書、複習、準備，但是我卻沒那麼好命，依然得忙著家中的大小雜事，包括做好各種準備；例如出門前，我得先去割要給牛吃的草，且要備好五天份的量，才能去考試，免得牛在家裡挨餓。

在此之前，我從來沒去過芎林，但爸爸沒空陪我，只好自己去。我只知道那裡有個從未謀面的姊姊，爸爸告訴了我她家大概的位置及姊夫的名字，叫我自己去找。當時也沒辦法打電話或寫信連絡，通知對方我要上門拜訪，只好碰運氣，運氣好就能找到，找不到再想辦法。

鄉下人拜訪親友，不能空著手，總要送點禮物。鄉下沒有禮品店，即使有也買不起，當然是送竹筍、薑等土產。我準備了一付扁擔，兩個簍子，一頭放薑，另一頭是竹筍，再加上簡單的行李和書籍，很重，有好幾十斤。因為走到芎林要半天的功夫，中午吃完中飯，我就擔起扁擔出發了。

當我踏上那橋樑，要沿著台車軌道過橋時，我才發現，原來這軌道只有枕木，中間沒有木板，枕木與枕木之間是空的，可以看到橋下頭陰沉的溪水，正沉默而快速地流動著，偶爾會出現一些小小的白色浪頭。如果一直往下看，會有一點暈眩的感覺。我有點害怕，於是小心翼翼，擔著沉重的擔子，一步一步，踩著枕木過橋。

正在此時，忽然在我的後方遠處響起「哐隆、哐隆」，台車摩擦鐵軌的聲音，我嚇得魂兒都快要飛走了！

我知道，由於這裡是從山上下來的台車，衝力很大，即使緊急煞車，也很難及時煞住。在短短十幾秒中，我必須快步前進，盡快抵達對岸，或找到藏身處，讓台車通過。因為我清楚知道，如果被背後的台車趕上，我會連人帶行李，被撞進頭前溪裡，可能連小命都會丟掉。

我膽顫心驚，拚了命地加大腳步，跳著中空的枕木快跑，我根本不敢想像如果我一腳踩空，會發生什麼狀況。

此時，我依然聽見，台車上的人在高聲斥喝：「閃啦！閃啦！」，而台車卻依然像惡魔似地在背後緊緊追著我，完全沒有要減速或煞車的發出高亢聲音。

◇為何不載我？

望著仍有一段距離的橋頭，我冒起絕望的念頭。終於，好不容易走到一個可以稍微避開的地方，我緊縮身子，將體積減到最小，好讓台車通過。

當那輛台車挾著「閃啊！閃啊！快閃開，我們台車要過去！」的笑罵聲，從我身旁轟然疾駛而過時，我發現這輛台車上只有兩個人，而且我認得他們的背影，是同村一對姓楊的父子。而我也相信，他們也一定認得我的背影。

說起來，楊家也算是我家的親戚。這次一起去苳林參加入學考試的同學共有七個人，其中就有那姓楊的同學。他的父親，就是那兩個背影之一，我得叫一聲：「叔公」，算是地方上有名望的人，而且以前和父親的交情不錯。

楊家比較有錢，所以就坐台車去苳林；而我家沒有錢，所以我只好靠著自己一步一腳印了。

其實，一輛台車可以坐四個人。而且，坐台車的價格不是按人頭算，而是按「車」算，四個人坐和一個人坐，都要付一台車的價格。姑且不說我們是同村的人，還有親戚和同學的關係，如果其中任何一人有點愛心，還是可以停下來，讓我搭個便車，坐台車到芎林。對他們來說，這不過是舉手之勞。

我真不懂，他們為什麼不肯載我？這對他們來說一點損失都沒有，甚至還可以贏得我的感激。

結果，他們非但沒有這麼做，就連起碼的人身安全都不顧不管，反而冒著讓我失足落河的危險，一路追趕，苦苦相逼，把我嚇得魂飛魄散，在橋上跳躍前進，他們反而得意地哈哈大笑。

我真不敢想像，如果我被逼落河，甚至因此而送命，他們會心安嗎？我也很不甘心，難道窮人就這麼可憐，被人看不起嗎？

正面的事情可以鼓勵人，負面的經歷也可以激勵我向上。這件事情，對我的影響很大。從那天起，我立下一個心願，只要我有能力，一定要盡力幫助別人；如果我有能力買得起車，我會隨時隨地讓人家搭便車。

◇加油不如幫忙出把力

因為楊家父子的行為，我嘗到了需要人家幫忙的那種無奈和渴望，於是立下以後買車的心願外，也決定反其道而行，以後只要有能力，就要盡量去幫助人。

只是，我還沒想到如何去幫助人，卻已經需要人家幫忙了。

讀初中開始，每年暑假回到大山背，我都要用台車載一些稻穀去橫山鄉公所繳稅金。當時農家都是把稅金換算成稻穀，再以稻穀繳納。

這一大段去橫山的路，幾乎都是下坡，只有快到橫山時，才有一段上坡路。台車藉著重力來滑動，沒有機械動力，碰到上坡，只能靠人力來推。「唉呀！真重啊！」當台車停下來時，我只能下車推。只有自己一個人，我使盡全身力氣，人都幾乎要跪在地上了，台車才以緩慢到幾乎無法感覺的速度移動。

我累壞了，但又不敢放手，因為我不繼續推，台車會往後倒滑，一定會把車後躲避不及的我壓死。於是，我拚命再拚命，用力再用力，推到快虛脫，臉也都發黑了。

「加油啊！加油！」這時，我彷彿聽到有人在旁邊喊「加油」，還有「用力啊！用力！」我想，難道這是老天爺也在為我的意志力喝采、加油嗎？還是，我已經開始產生幻聽了？但這「加油」聲卻不因為我的思考而停止，我努力挺住，轉頭一看，原來真有人在背後。這人我很熟，是和爸爸結拜的同年爺，也是村裡的畫符先生。

他手舞足蹈，在我身後喊著：「加油啊加油！用力啊用力！」但卻完全沒有要來助一臂之力的意思。我心想，你在那裡又吼又叫，說是加油，不如說是干擾；而且，「講那麼多有什麼用？還不如過來幫一下忙，我就可以推上去了。」但這位慣於裝神弄鬼的長輩，卻只是在旁邊叫嚷而已，口惠而實不至，一直都沒前來幫忙。

我使盡吃奶的力氣，勉勉強強、跌跌撞撞地才將台車推到最高點，這時我也已經累壞了，休息了好久才能開口講話。而在這段時間裡，同年爺可沒閒著，忙著自吹自擂，表揚自己，說他幫了我多大的忙，讓我有力氣把沉重的台車推上來。

那時，我心裡想，要是有一天，碰到了推台車的人，當他筋疲力竭正需要人家幫忙時，我一定要出手相助，而不是像同年爺一樣，除了嘴巴喊喊外，其他什麼都沒做。

並且，我還決定，以後碰到他這種人，一定要躲遠一點。

◇主動幫助人最快樂

那時，從橫山到大山背後面，都有東光公司在開採煤礦，常運煤到竹東。從山上的煤礦出來後，幾乎一路都是下坡，所以台車可以載很多煤。但當卸完煤後，回程全都是上坡。沉重的台車，一個人推起來相當吃力。

有一次，我看到有人要推台車上山，於是主動上前，說：「我來幫忙推。」然後就動手要去推。正在用力推車的人很高興有人來幫忙，連聲感謝，但他也提出要求：「我們和前面那一部聯結起來，三個人推兩部，就會比較輕。」我一想，我再怎麼出力，也只能幫忙推一部，而前面的那台車還是得一個人推，「這倒是個好主意！」於是馬上答應：「好啊！」

而且，我心想：「他很有愛心，我沒有幫錯人。」

我們三個人推著兩部台車，一面推一面聊天，其實滿輕鬆的，嘻嘻哈哈地就到了終點。對方向我致謝，我很不好意思，連連推辭：「沒什麼！真的沒什麼！」但其實心裡有一種很舒服的感覺冒出來，我想，「原來幫助人就是這麼快樂！」

從那次開始，每次要從芎林回家時，如果路上沒有碰到推台車的，我也會站在那裡等，直等到有台車要上山時，再幫忙一起推上去。

我開始覺得，原來幫別人的忙很有意思，人家高興，自己也會很高興，難怪媽媽老是喜歡「管閒事」！

後來，念書時讀到「助人為快樂之本」這一條，心裡恍然大悟：「就是這種感覺！一點都沒錯。」今天幫人家一點忙，做一點事，就會覺得今天過得很踏實、很快樂，所以我隨時隨地會幫忙人家一點忙。

事情。

◇讓人搭便車反被罰

因為受了楊家父子的刺激，我所發下的「以後我有能力買一部車，一定會讓有需要的人搭便車」的宏願，直到十多年後才付諸實踐，只是沒想到，因此而發生許多有趣的事情。

在我三十多歲時，一個專門從事向駐台美軍買汽車再出手轉賣生意的師專同學，知道我畫漫畫賺了一點錢，於是向我推銷。當時台灣有自用小汽車的人很少，但想到少年時的願望，雖然我還不會開車，還是毫不猶豫地向他買了車，成了稀罕的有車階級。

買了車之後，想要實現兒時願望，讓人搭乘便車，但我怕成為都市裡的免費計程車，於是打算在鄉下時才這麼做。每次到鄉下，如果看到路上有人挑著很重的東西在走，或者老人家，我都會主動停下車來，問他：「你要去哪裡？我可以載你。」

鄉下人很純樸，因為沒有錢付費，他們不敢隨便上車。即使我怎麼解釋：「不用錢，只是順便載一程而已。」但他們還是不大敢坐，除非其中有人認識我。

有一年清明節，大家都要去拜拜、掃墓。那一天，我也回大山背去掃墓，看著家鄉的人挑著掃墓的用品在路上走，我招呼他們：「來來來，你們不是要去掃墓嗎，我的祖墳也在那裡，剛好我可以載你們，上來！上來！」我開的是旅行車，可以坐很多人，大概上來了四個人，連挑的擔子也都一併上了車。

結果，沒走多遠，就被警察攔了下來，他要開我罰單，說我「用自用車做生意」。我說：「沒有！沒有！我是免費載他們的，我是發揮同鄉愛……」「那你認識他們，他們認識你嗎？來！身分證先拿出來對對看。」這下糟了！就算我認識他們，他們也說不出我的名字啊！

當下，我有苦說不出，被開了一張「用自家車載客」的罰單。我啞口無言，幾乎想向老天抱怨，怎麼好心沒好報？但再想一想，心裡還是很高興，畢竟還是幫到了那些需要幫助的人。

◇助人最樂準沒錯！

人人發揮心中的愛，能凝聚善的福業，形成善的循環。——證嚴法師．《靜思語》

有一次去爬山，我擔任領隊，下午時經過了一個地方，看到有人在曬稻穀，但這時天空已經開始在飄雨了。我一看天象便知，緊接著一定會下一場大雨。

這時，我看到一個婦人在那裡，急著要收稻穀，但她顯然是來不及了。我出身農家，當然知道如果稻穀淋濕了，一季的辛苦就白費了。

小時候在鄉下，每個人都知道，當夏天突然下大雨時，只要知道哪一家有曬稻穀、收稻穀，馬上就要放下手邊的工作，以最快的速度跑去幫忙，否則一旦曬的稻穀碰到水就會發芽，等於這一季的收成就要泡湯。這是非常重要的事，所以鄉下人都有互相幫忙的習慣。

我趕快喊住登山的隊友，並發出命令：「大家注意！大家現在把背包放下，馬上以最快速度跑下去，幫忙收稻穀！」有的隊友感到奇怪，質疑：「奇怪！她是不是你的親戚？你才會這麼在意，要跑去幫忙！」我說：「少講話了！先收好稻穀再說。」

收完稻穀後，我告訴隊友原因，讓他們知道這對鄉下人太重要了。隊友聽了也很高興，幫了這個忙，也讓他們第一次體驗到幫忙人家的快樂。

原來質疑我動機的隊友，跑來向我道歉，說：「對不起！一般人都不太會管閒事；看你這麼熱心，我還以為……」我打斷他的話，說：「其實是不是閒事都沒關係！別人需要幫助時，我們伸出手幫一下，自己不是也挺快樂的嗎！」

他若有所悟，也笑了起來。

好東西要分享

傍晚的時候，門徒來見他，對他說：「天晚了，這裡又是偏僻的地方，請叫大家散開，讓他們自己到附近村莊買食物吃。」

耶穌說：「你們給他們吃吧。」

他們問：「你要我們去買兩百塊銀子的餅來給他們吃嗎？」

耶穌對他們說：「去看看你們一共有多少個餅？」

他們查過後說：「五個餅和兩條魚。」

耶穌吩咐門徒叫群眾一組一組地坐在青草地上。大家坐下來，有一百個人一組的，有五十個人一組的。

耶穌拿起五個餅和兩條魚，舉目望天，感謝上帝，然後擘開餅，遞給門徒，門徒就分給大家。同樣，他把兩條魚也分了。大家都吃，而且都吃飽了。門徒把剩下的餅和魚裝滿了十二個籃子。吃飽的人數，男人就有五千。

——《新約．馬可福音第六章35-44節》

當我在和漢娜講起「台車驚魂記」故事時，她睜大了眼睛，小嘴微張，盯著我看，兩隻小手緊緊地抓著她的寶貝洋娃娃，簡直比我還緊張。直到聽到我終於在最後的緊要關頭找到了藏身的地方，台車轟隆隆地從我身邊擦過時，才鬆了一口氣。

不過，當她聽到楊家父子不但不載我，而且還嘲笑我時，不由得生起氣來：「他們怎麼可以這樣！媽咪說，不肯和別人share的人，不是好孩子！」

聽到小孫女的童言童語，我心裡覺得有點好笑，還有一點感動，於是轉而安慰她：「對！他們最不乖，不和人家share，還笑人家。漢娜絕對不要學他們！」

「我才不會學他們！」小漢娜驕傲地說：「我的玩具都會和別人share！」

「我相信妳一定會，」我說：「因為我們都喜歡和別人share。」

小漢娜得意地點點頭，表示贊同。

◇大嬸婆良心攤

幾年前，我在我住的淡水海誓山盟社區，設了一個自助式的小菜攤，並取名叫「大嬸婆良心攤」。

我將自己利用社區空地種菜而收穫的蔬菜、水果拿出來，放在攤子上供人取用。菜的賣相並不好，菜葉上常有蟲、鳥咬過或啄過的痕跡，但卻勝在是百分之百的無農藥、不施肥的有機蔬菜。我還在放菜的攤位上寫了「有機蔬菜，中吃不中看」「各取所需．各盡所能」的字樣，讓大家自己拿菜，自己丟錢，全憑良心，所以叫「良心攤」。所有收入，我分文不取，全都捐出去做慈善。

剛開始這麼做時，一些朋友很關心（懷疑）我這麼做能得到「善果」。他們提出一連串的質疑：「現在人心不同往時，你這樣做，能收得到錢嗎？」「會不會有人光拿菜，不給錢。」「錢就放在那裡，會不會被人家拿走？」「如果發現有人偷你的菜（錢），你會不會報警處理？」……

確實，有些人的懷疑被證實了。但是，這無法阻止我的腳步。

有人好心建議：「你應該做一些防範措施。」我想想，有道理，於是我在良心攤下面還畫兩幅圖畫，一邊寫著「捐己所餘，助人所需」，一邊是「善事無大小，日行一件不可少」，中間又畫了一個從雲端伸出來的望遠鏡，上面寫著：「這裡沒有監視器，只有上帝的望遠鏡。」

後來，情況果然改善了很多。

有人問：「為什麼你堅持要設良心攤？而且認為它會成功？」

「因為我媽媽以前就這樣做過。」我回答：「而且，她幫助了很多人。」

◇半天茶與大嬸婆

我有一個好朋友梁成福醫生，不但有濟世救人的醫術，而且對烹飪很有興趣，很會煮菜，在龍潭開了一家叫松葉園的餐廳。他對我很慷慨，不但常請我去他的餐廳吃飯，還請我喝很高級的茶。聽他說，那可是全國比賽的冠軍茶，曾有人出二百五十萬一斤的天價向他買，他卻沒賣，反而泡了茶，請我喝，和我一同分享。

聽到手上捧的是那麼貴的茶，雖然很香，但心裡的壓力也很大。啜了一口，果然又美又甘，一杯下肚，嘴裡津液泛甘，茶香繚繞，我和他說：「糟糕了！喝了你這麼好的茶，我開始擔心，以後再也喝不到這麼好的茶怎麼辦？」梁醫生哈哈大笑，說：「好東西就要和好朋友分享。」

我也跟著笑，說：「其實，願意和別人分享好東西的人，上天也會樂意和他分享好東西。」

接著，我就說了大嬸婆與半天茶的故事。

其實，我們客家人，對喝茶本來就沒有嗜飲茶的閩南人講究。雖然我家從小就有茶園，但對喝茶一向不講究，也沒什麼鑑賞力，因為窮人管不了這麼多。記得以前早上起來，媽媽總是隨便抓一把茶葉，往大茶壺裡一丟，就是一大壺，從早喝到晚，第二天再換新的。

很多客家人會在農忙時請人來幫忙，有時會請到閩南人。據說，有一家的主婦，聽說閩南人喜歡喝茶，要喝很多茶，怕來不及煮，於是在前一天就煮好茶，放著，等著第二天給工人喝。翌日，工人喝到隔夜茶，覺得茶水不新鮮，於是將一大桶的茶都倒掉了。那家主婦一看，「怎麼茶喝的那麼快？」於是感嘆：「果真不錯！他們真的很會喝茶，那麼一大桶，一個上午就喝光了！」

雖然不解茶藝，但鄉下人很好客，常會有人在路旁或休息的地方，提供「奉茶」，免費給過路人喝，表現了淳樸的善意。

大山背有一條很長，很不好走的路，進入深山必經之地，叫做茶亭崎，路很窄，都是階梯。由於山路陡峭，沒有人能夠一路走到底。半路有一個茶亭，就是專門讓過往路人在中途休息的地方。

過往路人幾乎都是體力勞動者，有不知名的善心人士，體諒這些人的辛苦，於是在茶亭擺了一桶用番石榴葉泡的茶，供飲用者恢復體力。大嬸婆經常路過此地，也是番石榴茶的受益者。

有一天，她端著熱騰騰的茶，用力吹氣，令茶湯冷卻。沒想到，經過吹氣後喝下番石榴茶口感更好，而且更能達到恢復體力的效用。大嬸婆發現此秘訣後，非常高興，熱心大發，想與人分享，便開始在別處奉茶給路人。

她想和其他路人分享「番石榴茶用力吹氣後再喝對身體好」的心得，但因為不識字，無法寫下告示；而且，就算她託人寫了字，鄉下人大多是文盲，也看不懂。經過苦思，她想到一個好辦法：在茶中放入乾淨的穀糠。因穀糠輕，會漂浮在茶水上，人們要啜飲時，得把穀糠吹開，如此便達到吹氣的目的了。

日復一日，大嬸婆每天一早就拿著茶到路邊奉茶。有一次，她生了一場病，奉茶於是中斷了好幾天。病好後，她又拿著茶桶，回到平日奉茶的地方，沒想到那裡已經有人將茶水擺妥了。

大嬸婆很好奇：「不知道是誰做的好事，也在那裡奉茶？」第二天，她提早到，發現茶水已經擺好了。第三天，不服氣的大嬸婆天未亮就跑去查看，沒想到茶水還是已經擺在那裡了。

這情形，簡直就像這茶水具有「自動回復」的神奇功能。但大嬸婆認為，茶水自半空中降下，不是別人，是上天給的。她於是跪了下來，向上天感謝。

後來這事情傳開後，就成了流傳大山背一帶的「半天茶」傳說。

◇大嬸婆擺良心仙草攤

後來，大嬸婆來到一個叫大石坪的地方，擺起仙草攤，賣仙草茶供過路的農夫、礦工飲用。

大嬸婆的攤子採行的是「自助式」。每天早上，大嬸婆將煮好的仙草茶放到攤子上，放一個竹筒在一旁，讓飲用仙草茶的人自己投錢進去。過往的路人如想喝仙草茶，得自己盛茶、自己放糖、自己吃、自己洗碗，並且自己放錢。到了晚上，大嬸婆才會來收攤子及收錢。

有時竹筒空空的，有時會有些錢，但大嬸婆並不在意。她知道，有些人手頭一時不方便，沒有放錢；而她相信，只要手上有錢，這些人以後一定會補上。

有的人覺得大嬸婆笨，但她說，用這種方式，「省得我照顧，浪費時間，不如拿這時間去多做一點事情。」而她沒說的是，有一些鄉下人，如工人、農夫，身上很少帶錢，如果這攤子有人在照顧，他們即使口渴或飢餓，也不敢來吃。有很多工人，沒有領薪水就沒放錢，待發了工資，身上有錢時，他們會再留一點錢在攤子上。這些人也許一個月放一次，也許一年放一次，但大嬸婆並不計較，總是說：「有也好，沒有也好，不要糟蹋最重要。」

大山背後面有一個很大的煤礦，叫做東光煤礦，進進出出的工人很多。如果工人從橫山鄉走到煤礦廠，約要一小時，而大石坪就在路途中間。因此，經過的礦工如果肚子餓，身上又沒帶錢時，他們就會去吃仙草。有的人一直都沒付錢。

有一天，東光煤礦發生爆炸，煤礦坍塌。有一個重傷的工人，被人抬著要去救治，他的孩子也跟在擔架後面。當急救隊伍經過大石坪的大嬸婆仙草攤時，他忽然叫隊伍停下來：「停！我要講一句話。」

然後，他對兒子說：「兒子，你要記得，我吃大嬸婆的仙草已經半年多了，都沒有付錢。你要記得，如果我有三長兩短，你要記得回來放這個錢。」結果，他不幸沒撐過去，過世了。

雖然兒子當時答應了父親，要回來還錢，但他也窮，一直沒有能力回來放錢。後來，他到國外發展，竟然發家致富了。父親臨終的交代，他一直沒有忘記。

有一天，大山背忽然來了一位歸國的美國華僑，到處打聽，要找大嬸婆。大家一問，原來他就是那名礦工的兒子，要回來還當年父親喝仙草茶的債，完成父親的交代。可惜，大嬸婆早就過世了，而我當時人也在美國。

一個仍住在大山背的遠親，告訴這位中年人，我在美國住，一時找不到人，但他可以幫忙轉交這筆錢。這位為父償債的兒子於是留下一筆錢，交由我的親戚轉交，然後就離開了，也沒有留下連絡的方式。

我的親戚缺錢用，而我也一直沒回來，於是他也自助式地隨機取用。有一天，我從美國回來，他趕快把剩下的幾千元交給我，說：「對不起。因為我有需要，就先用了，剩下的錢交給你，將來我如果有錢，少的部分再補給你。」我告訴他不用了，反正大嬸婆當年是為了行善而做，不期望有所報償，這次就當做她又做了一次好事。

我拿那幾千塊，請一名商人幫我做了第一個大嬸婆良心攤，就放在我住的社區裡，發揚我媽媽行善的精神。

◇從良心攤到愛心攤

開始設良心攤後，由於我年紀已大，體力有限，種的菜並不多，放的菜也沒有多少。有一天，我發現垃圾回收桶有些別人從國外買回來的紀念品、禮物，連拆都沒有拆封，就擺在回收桶旁邊。我拿起來一看，這太可惜了！於是我順手就拿起來，擺在大嬸婆良心攤上面。才過一下子，東西就被拿光了。

誰拿的？原來是社區裡的外傭拿的。我們社區裡面大家經濟狀況不錯，幾乎家裡都有外傭。我問他們：「這些東西是我在回收桶旁邊拿的，你們知道很好，為什麼不自己去拿起來？」

「不行啊！」他們說，「我們是傭人，去撿那個，會被笑是撿垃圾，不好聽！」聽完我接著說：「那我去撿不就……」

他們打斷我，「你不一樣啊！你是名人，你去撿，人家會另眼看待啊！」聽到這理由，我覺得很有趣，想不到，有一個名人的頭銜，還方便撿垃圾。

從此之後，社區的人慢慢知道，自家不要用的東西或不看的書籍等，會先擺在那邊，有需要的人就會拿去用，然後憑他的良心捐助。其實，我原來的想法是：物盡其用，即使不捐也沒關係。有人要用，東西不會被當成垃圾丟掉，汙染環境，也不會浪費東西。而得到的一點錢，就拿去捐給慈善機構或愛心活動。

這也有一種「愛心分享」的意義，不在於能得到多少捐款，而是希望大家都能行善，有愛心，就不會貪婪；大家都有愛心，則世界太平。

想不到，這個良心攤的事情經過媒體報導後，引起了很多回響。譬如，我家附近的坪頂國小首先響應，校長認為這活動有意義，於是我請人做了一個可以收起來的木製攤子，叫做「愛心攤」，放在學校裡，讓小朋友將家裡不用的東西放上去義賣。

結果小朋友反應熱烈，競相比賽放東西上去，並且越演越烈。最後，我們不得不暫時停止，向小朋友說明：「這是要拿不用的東西給要的人，不是要來比賽。」並且改變方式，在每月或每週選定一天為「愛心日」，讓大家來共襄盛舉，把不用的東西拿到愛心攤來，讓需要的人拿，把募集的錢捐出去。結果，反應一樣很熱烈。

新竹基督教的靈糧堂知道此事後，叫我在八千人前做見證，並說明愛心攤的意義。各社區人士熱烈響應，認養了三十攤。苗栗縣頭份鎮的鎮長買了一個愛心攤。放在糖葫蘆基金會辦的托兒所裡，托兒所的小朋友開始知道這叫做「愛心運動」，能夠奉獻，於是主動學種菜，收穫的菜雖然長得不是多好，但也放在攤子上讓人家拿。只要有人拿，他們就好高興。家長看了也高興，覺得很有意義，就把家裡種的菜、不用的東西都拿來放，互相交換東西。

這後來變成一種常規的活動，每月收入好幾千塊，都交給鎮公所做愛心活動。

新北市土城的私立裕德中小學黃三吉校長聽到消息，也特地過來買了一個愛心攤放過去，結果家長、小朋友的反應都很好。因為這可以從小培養孩子們自動自發，從很小的地方開始學習做好事，既不強迫，也不教條。

◇從愛心攤到愛心站

後來，我再改進，將良心攤變成漂漂亮亮的「大嬸婆愛心站」，不用攤子，利用各場所的地形地物，將海報和裝置擺上去，就開始營運了，不受空間拘束，哪裡都能做。現在很多社區向我要了這張海報，開始營運。我想，將來要是能夠推廣到全國、全世界各角落，讓每個人從小就養成愛心、奉獻的習慣，培養榮譽感，就不需要警察了，大家憑愛心、良心做事，社會就會很美滿，這就是我最大的心願。

我相信，大嬸婆也會樂意看到這樣的結果，因為這就是她一貫的信念：「好東西要與人分享，才不會糟蹋掉。」

不要糟蹋好東西

所謂糟蹋，就是讓有價值的東西在你手中浪費掉了。物要盡其用。所以，不要因為一些小事情，而把自己寶貴的東西丟掉。

「阿公，什麼是糟蹋？」

「就是好東西在你身上浪費掉了。」

「浪費是什麼？是不是花很多錢買東西？上次買玩具，媽媽就說：『太貴了！太浪費了！』」想不到這個小丫頭不但很好奇，而且記憶力更是絕佳。

「東西貴，不一定是浪費，但如果花了很多錢，買了玩具，不好好愛惜，一玩就玩壞了，那就叫糟蹋東西……」

我還在長篇大論，闡述「糟蹋」與「浪費」之間的差異時，卻只見小漢娜緊抱著她心愛的洋娃娃，兩隻望著我的大眼睛已經水氣迷漫，泫然欲泣了。我趕忙說：「漢娜，妳怎麼要哭了？」

話音才落，小丫頭已經「哇！」地一聲，放聲大哭。她一邊哭，一邊還用抽泣的聲音分辯：「阿公，我不是故意要弄破洋娃娃的衣服。我不是故意要糟蹋……哇！」

看著寶貝孫女這麼難過，我一面苦笑，一面自責：「我也未免太糟蹋寶貴的祖孫時間了！」

◇不要浪費有價值的東西

在我成長的鄉下，各種資源難得，幾乎所有人都知道要珍惜手邊的資源，包括有形的糧食、金錢或無形的時間、力氣……等都是。因此，「浪費」被認為是一件可恥的事情，尤其是浪費了有價值的東西，或者是價值高的資源被用去做價值低的用途，就被稱為「糟蹋」東西，而被人所看不起。

那一天，我匆匆忙忙跑進屋子，正急著跨過門檻，說時遲，那時快，差一點就踢到正坐在門口的祖父和他身前的一籃雞蛋。「不好好走，跑什麼？」他斥責我，「連路都走不好，還能幹什麼活！」

我不敢多辯，連忙故做乖巧，在一旁蹲下來。這時，我看見祖父從籃子裡拿出一只蛋，用右手舉高，瞇起左眼，就著從門口射進來的陽光，觀察蛋裡面的情況。

才一、兩秒鐘，他就看好了，將蛋放進面前另一個較小的籃子裡。接著，他拿出另一只蛋，重複著相同的動作。

「阿公，你在幹什麼？是在檢查蛋裡面的小雞嗎？」

「傻阿欽，這個蛋才剛生下來，怎麼會有小雞。」

「那你在看什麼？」

「在看這個蛋是要拿來孵小雞，還是要煮來給你吃啊！」

「真的啊！」我高興起來，「最好全都煮給我吃！」

「咚！」的一聲，我的腦袋被阿公狠狠地敲了一下，並氣恨恨地罵了一句：「敗家子！」

他說這句話時，帶著一種「恨鐵不成鋼」的語氣。

看我摀著頭，露出一付「很痛欸！」的表情，祖父才解釋了敲我頭的原因。

原來，鄉下人一向都是吃孵不出小雞、小鴨的「啞蛋」「空包蛋」，很少去打受精卵的主意。否則，會被認為「太浪費」。

這一切都是從「價值」面來考慮。祖父說，若是受過精的蛋，就可以拿去讓母雞、母鴨孵，若孵出小雞、小鴨來，價值遠比單單一個蛋所賣出的錢更多。鄉下地方，每過幾天就有專門來收蛋的小販，有些人會像祖父一樣，將蛋拿起來，從門或有縫隙的地方，對著太陽光去檢視。有經驗的人，可以分辨出蛋的好壞及有無受精，然後將好的受精蛋挑出來，作為孵化之用；沒有受精的「啞蛋」，就拿來吃。

阿公說：「你看，一個蛋，可以生成一隻母雞，然後母雞可以再生很多的蛋，然後再孵成小雞，再生蛋……如果我們現在把它吃掉，不是很浪費嗎？」我點點頭，心想：「如果一個蛋可以變成一大群雞和一大堆蛋，當然捨不得吃啊！」

不過，我還是小心翼翼地向阿公確認：「那如果是啞蛋，就可以煮給我吃了，對不對？」阿公笑著拍了我一下，說：「好吃鬼。」

祖父雖不識字，但簡簡單單的言傳身教，就讓我對「不浪費」有了基礎的體認。

◇不要糟蹋寶貴的東西

過了沒多久，祖父又給我上了「不浪費」的第二堂課。

小學一年級時，拿到有生以來第一次的新課本，才翻了一下，一股好聞的油墨味道撲鼻而來，讓我忍不住從心裡讚嘆：「好香啊！」。然而，此時在腦海中浮出的第一個念頭，不是「從此我要好好用功讀書」，而是：「這些書的紙這麼好，送給阿公捲菸一定很棒！」

以前鄉下人很講究「孝順」。至於什麼才是孝順？鄉下人的想法很簡單，有好的東西，一定要先孝敬長輩享用，然後才輪得到晚輩或小孩子。吃的食物如此，用的東西也一樣。大家都是這麼做，所以，雖然我還小，尚不懂事，但一有好的東西，就會想要孝敬阿公。

按照當時鄉下人的標準來看，新發下來的小學生課本也算是好東西了，有文有圖，圖畫也很漂亮，但阿公能拿這個做什麼？難道用來學習、識字嗎？當然不是！

像多數鄉下人一樣，阿公雖然抽菸，但一向捨不得花錢去買外面的紙菸，嫌太貴；他一向都是自己種菸葉，採收後曬乾、切成菸絲，再用紙捲起來，吞雲吐霧一番。

但在日治時代後期，台灣的資源大都支援了前線，紙張很缺乏，以致他常常沒有紙可以捲菸。所以，當我拿到新課本時，才會馬上想到：「我要拿這個紙給阿公捲菸，他一定會很高興。」

回家後，我拿了新課本，就衝去找祖父。一看到他，我就獻寶：「阿公，我這個新課本給你捲菸好了！」阿公一聽到我的話，不但沒有激動地把我抱起來，好好誇我一番，反而當場愣住了。

當時他手上正好拿著一個雞蛋，為了好好教訓我，他忽然把雞蛋丟到地上，蛋白、蛋黃灑了一地。

情況和我所預想的完全不一樣。我也愣住了。

「阿欽啊！你看！」祖父大概看到我嚇到了，於是改用爺爺對孫子的溫和語氣說話：「這雞蛋本來是可以吃的東西，但我現在把它丟在地上，等於沒用了，最多只能拿來當肥料。」

他拿過我手上的課本，嘆口氣，說：「這個課本，爺爺看不懂，但你如果好好讀書，就會學到很多東西，比爺爺懂得更多。書讀好了，以後還可以做官、做有用的人。而如果拿它來讓爺爺用來捲菸，菸吸完了，它也變成了灰，多沒有價值。」他看了看地上白白、黃黃的一片，嘆口氣，說：「孫子啊！凡是做事情，要考量它的後果和價值，不要糟蹋寶貴的東西。」

我記住了他的話：「不要糟蹋寶貴的東西。」把有價值的東西，用到沒有價值的地方，那就是一種浪費。就像把可能變成一筆財富的一枚雞蛋丟在地上，變成一攤只比垃圾強一點的肥料，或將一張圖畫佳作拿去點火取暖一樣。

這件事情和祖父的話，對我影響很大。從此之後，我就很珍惜「寶貴的」東西，不管是金錢、時間或機會，尤其特別珍惜自己的作品，因為那些不但是我投注了精神、力氣、時間和靈感的成果，而且是獨一無二，不可再得的。

所以，即使最早期所畫的畫作，到現在我都還仔細保存著。

以前在畫畫時，有時覺得自己畫得不好，或是不小心出現敗筆時，會氣得把畫揉一揉，丟掉；但後來想一想，還是捨不得，於是又撿了回來。有一次，畫了一幅〈童玩樂陶陶〉圖，上面畫一個坐著轎子的富人，羨慕地看著窮人小孩子在玩自己做的玩具。本來一直畫得相當順利，心裡很得意，但高興過了頭，最後因為一時疏忽，把圖章蓋反了，我氣得一揉，丟在地上。還好我太太覺得不忍心，幫忙撿回來，又送去裱褙店補救。最後，這幅畫義賣了七十萬元。

這些差點被我報廢的作品，最後有的進入了別人的客廳或公共空間的大堂，有的成了私人的收藏，有的被製成了書冊等印刷品，還有的甚至成為博物館或美術館的珍藏。

它們發揮了各自的價值，沒有被糟蹋，也沒有被浪費。

◇當兵也不浪費時間

祖父雖然不識字，但是很會利用日常生活中的例子來「現身說教」，讓人印象深刻。小時候，我和他一起散步時，因為跌倒而發現石板下汁多味美的雞肉絲菇，他當場就教我：「一個人即使跌倒，先不要馬上爬起來，一定要四處看看，多少得有些收穫」「就算是抓一把泥土也好，不能白跌倒。」

不論是雞肉絲菇，或是雞蛋、捲菸等事例，祖父讓我明白，不能浪費自己的有用之身，即使被動地陷在不利的環境中，也要想辦法從看似無價值的事情或東西中發現價值，並且做最大價值的發揮。

這些觀念，在我去當兵時，得到了最大的發揮。

因為就讀師範學校，畢業後我雖然直接當國民小學老師，但卻不能免除服兵役的義務，要當四個月的兵。當時，我進的是預備士官班第一期。

當過兵的男生，聚在一起時，常常都會口沫橫飛，大談軍中服役的經驗及趣事。但也有不少人認為，當兵是浪費時間、浪費生命，把生命中最青春、創造力及活力最旺盛的時間，浪費在「服從命令」上。

因為有雞肉絲菇和雞蛋的教訓，我告訴自己，即使在當兵，也不能浪費寶貴的時間。我要怎麼做？我讀書。

我一向認為「用功讀書準沒錯」，因為我就是靠著拚命讀書，才能從小山村大山背來到台北讀師範。因此，即使在當兵時，我也很認真地在讀書。但我不像一些準備要留美或重考的兵，拚命K托福、背英文或高中課本，我讀的絕對是全世界最枯燥的書：《步兵操典》。

因為新兵訓練時，長官管得比較嚴，沒什麼書可讀，而且也不允許我們隨便看別的書，但描述步兵各項基本動作要領的《步兵操典》當然就沒有問題了。我把《步兵操典》當做是要背誦的重要資料，人家出操、練習、打靶時，都在摸魚打混，而我卻毫不放鬆，訓練時背、打靶時背、站衛兵時背、上莒光日時背、連放假都還在背……

練習時，只要是《步兵操典》上的動作，我都是一個動作一個動作地照著做，一面做，一面背。在我看來，這就是祖父所說：「跌倒時，至少要抓到一把土」中的那把土。

◇《步兵操典》成了聚寶盆

枯燥無比的《步兵操典》，在死記硬背之下，硬是被我背得滾瓜爛熟。我不敢說，同梯的弟兄，有沒有人把我當成神經病。但我知道，他們都在當面及背後笑我：「世界上有這麼笨的人！居然去背《步兵操典》！」

事隔五十多年，我至今仍能背誦《步兵操典》的內容，例如「立正」姿勢的要領是：「雙腳打開約六十度，小腿伸直，膝蓋挺直……」現在，有時興致一來，我會拿出來表演一番，經常逗得大家哈哈大笑，說：「居然有人去背《步兵操典》！哈哈哈！真是太天才了！」

這把土的真正價值，在眾人的嘲笑聲中卻逐步顯現出來。

首先，因為熟背操典，而且我一直都是邊背書邊照著《步兵操典》上的要領，一動一動地做動作，所以我的個人基本動作特別標準，被長官表揚了很多次，還得到了榮譽假等各種獎勵。

打靶也是一樣。我照著《步兵操典》上的射擊要領，逐步校正我的姿勢，再加上從小在鄉下練出來的好視力，在當兵時打靶成績非常優秀，被選為神槍手，不但常常放特別假，而且胸前還掛了一面「神槍手」的牌子，非常神氣，常引來路人側目，充分滿足了我愛現的個性。

沒想到，最大的收穫，卻出現在退伍之後。

一九五八年，我在台灣第一大報《台灣新生報》上開了漫畫專欄，名字就叫：〈從軍樂〉。內容幾乎就是憑著我背的滾瓜爛熟的《步兵操典》，再加上當兵時發生的種種趣事，一五一十、一點一滴地全部畫下來。

〈從軍樂〉在報上連載，大受歡迎，反應非常好，不但成了經典之作，替我的漫畫事業打下堅實基礎，更大幅改善了我的生活。

當時國小老師的月薪是四百八十元，《台灣新生報》一個月就給我一千八百元的稿費，我真是高興死了，這完全歸功於我當兵時把《步兵操典》背下來，又完全照當兵時的情景畫下來，才會得到肯定。而且，四個月後，我又畫了〈金門當兵記〉，連載了六個月。

原來我以為抓到的是一把土，想不到，其實是一桶金。

下水之前先想好如何上岸

人家都以為我很喜歡冒險，其實我不敢冒險，沒有把握的事，我不會去幹。因為膽子大，死得快。做任何事情，一定要學會留後步。

和小漢娜講起當兵時背《步兵操典》的故事，興趣一來，我當場就放下手邊的工作，在客廳裡表演了起來。我一面背著：「雙腳打開約六十度，小腿伸直，膝蓋挺直……」一面做著誇張的動作。小孫女看了，「咯、咯、咯……」地笑個不停。

「阿公，」小漢娜說，「你的阿公和你一樣，都很會講故事耶！」

「當然啦！」我得意起來，信口說道：「這是會遺傳的，我們家的人都很會講故事！」

「真的嗎？」小孫女可高興了，「那我以後也很會講故事嘍！」

「那是一定的！」我想，幾個女兒口才都很好，小孫女以後一定也不差。

漢娜臉上煥發出光采，可才過了一下，似乎想到什麼，臉上隨即暗了下來，我一再問她，她才囁囁嚅嚅地說：「可是，阿公，我不知道要怎麼講？」

「這很簡單啊！」我開始教她：「妳要先做準備，想想自己要講什麼……而且，結尾也要先想好，就像下水前要先想好怎麼上岸一樣……」

「阿公，什麼是『下水前先上岸』？」正準備口若懸河，滔滔不絕一番，漢娜的問題突然打斷我，「呃，這也有故事……」

「那我要聽故事！」小漢娜果決地阻止了我。

◇失敗了會有什麼後果？

客家人有一句俗話：「平時毋燒香，臨時揇佛腳」，就是教人要做好事前的準備。我的祖父並沒有教過我這句話，而是以實際的例子提醒我：「要上樹前，先想要怎麼下來。」

有一次，阿公陪我去山上摘柚子。

柚子樹又高又大，滿樹的柚子像一盞盞綠色的小燈籠，待摘得差不多時，我忽然看到，在靠樹頂的軟枝上，有一個長得又肥又大的柚子。「阿公，那裡還有一個大的。」我跟祖父打了聲招呼，接著就打算沿著樹幹爬上去，去摘那個柚子。

但祖父阻止了我。「慢一點！」他說：「你不要冒險過去。」

「那個柚子很大，一定很甜。」這下我急了，說服祖父讓我上去。

「你不要先想摘到柚子的高興，」祖父耐心開導我，「你要先想，萬一失敗了，會有什麼樣的後果？」

我不知道他是什麼意思，但也不甘心放棄垂手可得的果實，只好不說話以示抗議。

「上頭的枝幹很軟，」他看出我的不服氣，指了指那個長在樹枝末端的柚子，說：「如果它撐不住你的身子，就會斷掉。你有沒有想過，如果你從這麼高的地方掉下去，會變成什麼樣子嗎……」雙方沉默了好一陣子，他才說：「至少你會跌傷，甚至斷手斷腳也不一定。」

「你不要光想摘到柚子的歡喜，」他說：「要先考慮從樹上掉下來的後果。」

結果，那一天，我放棄了去摘那個想像中又大又甜又多汁的大柚子。

◇下水之前要先想好如何上岸

年輕時，我迷上了潛水。幾乎只要有空，就會跑去潛水。

雖然在學潛水時，教練曾一再提醒我們，潛水是一項有風險的運動，所以一定要注意安全。但我們幾個年輕人在一起，膽子大得很，對教練的話並沒有太放在心上。

第一次夜間潛水，就是在這種情況下發生的。

當時訓練還沒有結束，我們都尚未拿到潛水證，理論上，在沒有教練的陪同下，我們沒有資格獨自下水。但一起學潛水的朋友林先生，家境富裕，膽子一向很大，喜歡冒險。這一天，他租了一部遊覽車，招我們去夜間潛水，說：「聽說晚上的魚好抓，我們一起去潛水抓魚。」一聽能抓魚，就算平常注意安全的我，也顧不上了。

於是，晚上大家坐著車子，來到宜蘭縣頭城濱海公路一處地方。一到地頭，大家乒乒乓乓著好裝之後，就拿著魚鎗，往水裡一跳。高高興興地潛水打魚去了。

待我們覺得玩得差不多，魚也打得夠多了，想要上岸的時候，這才發現：「慘了！要從哪裡上岸啊？」因為大家急著打魚，下水之前沒先做好識別的標誌，岸上也沒留人看守，沒有人認得出來我們是在何處下水？岸邊一片漆黑，我們根本找不到上岸的地點。

不知道要在哪裡上岸，我們只好盲目的嘗試。我試了好幾次，想要爬上岸邊一塊礁石嶙峋的大石頭，但剛爬上一段，一個大浪打過來，就重新掉回海裡。如此掉了好幾回後，我乾脆將裝備統統卸下、丟掉，減輕負重，才好不容易，終於爬上了大礁石。

在黑暗中，我趴在大石頭上喘氣，想著自己的樣子一定很慘，不但裝備丟光了，全身也被鋒利的礁石刮得遍體鱗傷，傷口沾上海水，又辣又痛。就在此時，腦海中忽然浮現祖父曾經告誡的話：「你不要光想摘到柚子的歡喜，」他說：「要先考慮從樹上掉下來的後果。」。

事後回想，我們實在太大膽，沒有什麼潛水經驗，也無教練隨行，就敢嘗試危險的夜潛。尤其是下水之前沒有先做個記號，甚至沒回頭看一看上岸的地方，就敢冒然下水；結果找不到上岸的地方，差點兒就回不來了。

有了這次的經驗，我從此深記著「下水前要先想好如何上岸」的教訓，但我的朋友卻沒有。

◇準備不周到就是危機

凡事豫則立，不豫則廢。

夜潛事件才過沒多久，那位大膽的林先生卻完全沒記取教訓。

他和兩個朋友約了一起去烏來深山的一個很漂亮的大水潭潛水，聽說是想抓鱸鰻，結果三個人穿好了裝備，就「噗通！」「噗通！」「噗通！」往下跳，一樣沒有注意上岸的地方。結果要上岸時卻爬不上來，在水裡泡了老半天，幸好有人經過，才用繩索將他們拉上來。

膽大的人最怕不吸取教訓，那就成了危險。有一次，三個潛水的朋友去潛水，其中包括膽大的林先生在內，結果出了意外，才四十幾歲就死掉了。

朋友發生意外事故身亡這件事，讓我更提高了危機意識。

有一次，我和兩個朋友一起到北海岸的金山一帶潛水。金山海岸的外海有個燭臺山，稱之為「山」，其實是兩座緊緊相連，形似燭台的外海小島嶼，也被稱之為「燭台雙嶼」，風景十分優美，堪稱是金山海岸的一座地標。

同行的兩個年輕人意氣風發，於是提議，三個人一起游過燭臺山，繞個圈再游回來。「不行！」我對此處海岸的潮流不熟悉，於是拒絕：「狀況不明，太危險了！我怕游不回來，我要留在岸邊。」對方想不到我會拒絕「這麼好玩的事」，又勸說了幾次，但我還是不去，於是他們只好放棄，並且譏笑我：「唉喲！三個人一起，怕什麼！這樣你都不敢去，你這個人真是夠窩囊！」

但我還是不肯去，結果，只有他們兩個下水。

游到一半，游在最前面的人還在笑我，對著待在海岸的我大喊：「很輕鬆！你為什麼不下來？」「你膽子怎麼這麼小！」我心想，「你現在覺得輕鬆，那你慘了！」因為這表示海潮的流向是向外海流去，等要回來時變成逆流，那可就辛苦了。

果然，待他們上去玩了一陣子，要再游回來時，一下子就被強大的潮流衝往外海。他們試了好幾次，始終都無法游回來。於是兩人只好在燭臺山上大喊求助：「阿欽，拜託啦！回不去啦！趕快叫漁船來救！」其實當時岸邊還有很多人，都聽得見他們的喊話，但我故意裝做沒聽見，大家都覺得好笑。

我故意不馬上去叫漁船救人，就是要讓他們學到教訓。

後來，他們大叫：「阿欽吶！趕快叫漁船來救我！」我也大聲喊回去：「放心啦！我會叫你太太趁年輕改嫁！」直到天快黑的時候，我才叫漁船去把他們救回來，並趁機教訓他們一頓：「不要以為你年輕、體力好，就以為自己很厲害！你們這麼自以為是，根本不留後路，總有一天會回不來！」

明知道危險的事情，卻依然毫無準備，也不設法規避，悍然不顧就去做，那不叫「大膽」，那叫做「魯莽」「危險」及「不知死活」；如果還因此害到其他人或家庭，例如酒駕肇事，那就更是缺德到家了。

不要隨隨便便就去冒險。不然，無謂的冒險，常會讓你後悔都來不及。

安全永遠擺第一

安全第一。沒有了安全，就什麼都沒有，這就像任何數目和「0」相乘，得出來的都是「0」一樣。

「So，阿公，」小漢娜的眼裡，還是有一些疑惑，「你的意思是說，下水前要先想好如何上岸？」

「對啊！」

「是不是就像學溜冰時，要先學怎麼停下來？」小孫女秀了秀腳上粉紅色的直排輪鞋，這一陣子她迷上了直排輪，即使在家裡也穿著直排輪鞋，到處溜來溜去，像一陣風似地。

「對啊！」我趁機做機會教育，「而且，還不能忘記了安全，要把頭盔、護膝都戴上。」

「阿公，家裡又不是室外。」

「在室內要注意安全，」我叮囑她：「在外面更要注意安全！」

「為什麼？」

「因為Safety First！」我將女兒常用來教導孩子的英文搬了出來。

「Yes, Sir！」淘氣的小ㄚ頭扮了個鬼臉，並且學著電視裡軍人的樣子，向我敬了一個禮。

◇一次死裡逃生的經驗

我從小好奇心就很重，喜歡嘗試新東西，在年輕時，也常進行一些看似有風險的運動，如登山、潛水、打魚……等，在許多人的眼裡，我好冒險，膽子很大。

其實，我從來就不是一個膽子大到什麼險都敢冒的人。

相反地，因為祖父的教訓及後來所經歷的一次死裡逃生經驗，讓我對於各種行動中潛藏的風險十分警覺，並且謹慎以對。

在年輕時，我向朋友買了一輛向駐台美軍轉購的進口旅行車，便開著這車去新竹。因為和朋友有約在先，所以我急著趕路，車開的有一點快。當時我是跟在一輛遊覽車後面開。遊覽車上面有人喝完了汽水，居然就順手把瓶子往窗外一扔，瓶子在柏油路面上炸開，當場滿地都是玻璃碎片。

我沒做出任何閃避的動作，因為根本來不及，迎面就輾上了這堆玻璃碎片。

兩個前輪在第一時間就「呼！」地一聲爆掉了。那時的車輪胎不像現在車子用的防爆胎，而是內外胎，所以一被刺破，很快就爆胎了。緊接著，車子連滾了三圈，一直滾到路旁邊，正好被路邊一棵大樹卡住。

還好，那輛美國車很牢固，雖然滾了三圈，又從側面撞到樹上，但我卻沒有受什麼傷。當我從車窗爬出來一看，發現車體居然只有一點凹痕，沒有什麼大損壞。

路過的人馬上圍了一圈。我於是請他們幫忙，用力把車子翻過來。此時，我才看清地形，嚇出了一身冷汗。原來，路旁大樹的下方就是直通山崖的土坡，如果不是車子被那棵大樹擋住，我早就墜落山崖下，車毀人亡了。

結果，我把備胎拿出來換一換後，又開到新竹去赴約了。

但我一路上都在想，這個隨便把汽水瓶丟出車外的人，怎麼那麼缺德！難道他或她不知道，這可能會造成車禍，導致別人的傷亡，甚至影響到一個或幾個家庭的幸福嗎？還是，他們根本不在乎？

祖父曾經嚴厲地告誡過我：「絕對不能做缺德的事情。」但這個社會上，缺德的人顯然少不了。「還好我今天開的是一輛堅固的進口車，」我心裡暗自慶幸，「如果今天開的是一部國產車，那就糟糕了！」

這次死裡逃生的經驗，讓我知道了，所謂的「天災人禍」，確實難以預料而躲過，但我們能做的，就是在事前做好一切準備，在「安全第一」的原則下，將可能潛藏的風險降到最低。

換句話說，如果天有不測風雲，那是命；但如果明知天要下雨、打雷、洪水、地震……自己不做任何預防而受到傷害，那就怪不了天，也怪不了別人，只能怪自己。

◇對潛藏的危險預做準備

其實，因為祖父小時候的告誡，我一直是個謹慎的人。

在年輕時，我的摩托車行囊中，永遠有一個隨身工具箱，裡面有專門補胎用的橡膠貼片、砂紙、打氣筒，和一捆火柴頭。朋友看到了，都笑我累贅，「修機車的滿街都是，那麼麻煩幹什麼！」但我不以為意，依然故我。

有一次，我和老友曹俊彥跑到坪林一帶的小格頭去釣魚，結果輪胎扎到鐵釘，扁了。荒郊野外，哪裡去找機車修理行？曹俊彥很沮喪，我安慰他：「沒關係！我早有準備。」然後拿出我的隨身工具箱。

從附近的人家借來一盆水後，我就開始補胎。曹俊彥在一旁看，其他的工具，他都明白，但看到綁成一捆的火柴，他看不懂了，拿起來問我：「這是要做什麼用的？」我正忙著用打氣筒往漏氣的內胎打氣，好放在水裡找出漏氣的地方，一面工作一面回答：「噢！那是等橡膠貼片黏上去後，用來高溫加熱用的。」看他還是一臉疑惑，我索性放下工具，向他解釋：「用橡膠貼片補漏洞後，要用高溫加熱才能黏牢固，否則一下就掉了。一般修車店是用噴槍，但我們在野外，去哪裡找噴槍，所以才想到這個辦法。」我拿起那捆火柴頭，說：「別看只是火柴頭，這裡面的磷如果加熱，瞬間溫度有好幾百度，不比噴槍差。」

他瞪大了眼睛，看著我，像是在看一個怪物一樣。

從小格頭到鯉魚潭的坡度很陡，我停下車，他問：「你要幹什麼？」我解釋：「路太陡，萬一打滑就糟糕了！」然後從路旁找到月桃，取下葉子，用手打一打，將剩下的莖葉部分纏綁到輪胎上，增加輪胎的摩擦力。

當我們順利地來到鯉魚潭，他終於忍不住，問：「你是不是想太多，太小心了一點？」我回答他：「小心一千次也不為過，如果不小心一次，出了事情，那個結果，我們可能無法承擔。」

◇主動找保險公司投保

那次九死一生的經驗，也讓我開始思考，既然天有不測風雲，人有旦夕禍福，我該如何對潛藏的危險預做準備？想到自己如果在登山、潛水、釣魚……等活動時發生意外，「那我老婆、四個兒女怎麼辦？她們有辦法生活下去嗎？」

仔細一想，問題似乎不難解決，「不是有保險嗎？」當時台灣的保險業方興未艾，並不像現在這麼蓬勃，也沒有那麼多的業務代表，到處招攬保險業務。於是，我主動找上保險公司，想替自己投保。

當時台北車站前面，有一家招牌很大的保險公司。於是我主動找上保險公司，解釋自己想要買保險，對方居然傻住了，好像不相信似地，問：「你要來做什麼？」我回答：「我要來投保。」

人家覺得很奇怪，居然有人上門來投保。我才覺得更奇怪，保險公司不就是應該很歡迎大家來投保嗎？好奇之下，我一問，才知道像我這麼「主動」投保的人非常少，所以有一點驚訝，但當然歡迎。

當年的保險業，不像現在有「X年還本」「期滿退還保費」等種種選擇，投保很簡單，保期一年，保費付給保險公司，投保期間如發生意外，保險公司會理賠；沒有任何意外，保費就白送給保險公司。每年保險到期後，我都會主動到保險公司續保。

當時保險的觀念尚不普及，許多人笑我：「好好的把錢送保險公司，簡直就是神經病。」

我一直都有投保，直到年紀大了，才不再投保了。因為孩子都長大了，紛紛自立，各有事業，即使我去見上帝，也不會影響孩子。換句話說，危機解除了。所以，現在人家來拉保險，口沫橫飛，把保險說得有多少好處，我也不會投保。因為那些好處是次要的，主要的「危機」，我已經度過了。

這下子，我又被人家笑是「神經病」，因為我「年輕身體好用不著保險時去投保，年老可能用上保險時反而不保了，真奇怪！」

聽到這些批評，我只是笑笑，懶得去解釋，別人是以「投資」的觀點來看保險，但我卻是從「危機」著眼，想辦法將家人的危機降到最低。

雖然我降低了對「人」的保險，但對於「作品」的保險卻更周到了。我把所有的漫畫稿，都打三份黑白樣稿，一份存在家中，一份存在岳父家，一份存在鄉下妹妹家裡，而且都用防火材料的袋子保存。

我想，總不會那麼倒楣，三個地方都同時著火吧！

◇安全至上不畏人譏

為了提防潛藏的危險或難以預知的意外，我會做出一些在別人的眼裡有些「怪異」，甚至不通人情世故的行為，還常招來異樣的眼光和冷言冷語。

例如，我很少參加朋友的婚禮。因為有一次，我前往朋友的婚宴，場地設在一棟大樓十樓的餐廳。開席前，我注意到場地雖然很大，但東西堆放得很雜亂，消防通道也有很多雜物，通行不易，安全門又被鎖住……

那一頓飯吃得我心驚肉跳。從此之後，除非萬不得已，我不輕易參加此類活動，即使得罪人也一樣。

還有，我和太太商量，夫妻一起出門時，能夠不坐同一部車，絕對不坐同一部車，降低同時遇難的風險。還好，經過溝通，太太諒解我的作法，不但沒有怪我不夠體貼，而且毫無怨言的配合。

學校每次舉辦校外旅行、遠足、郊外活動時，常會好幾部車子一起去。這時，負責的同事通常會把我和太太安排在同一部車。而我卻會跑去和他要求：「不要把我和太太安排在同一部車上。」

「為何不和太太一起坐呢？」同事很好奇：「這表示你不愛太太嗎？」

這時，我只好說明其中道理：「萬一這部車出事了，夫妻一起死掉，那我們的孩子誰來照顧？」「如果夫妻分開坐兩部車，機率就小多了，總不會兩部車一起出事吧！」

同事們都聽不下去，笑我是神經病，「你這個神經病！不要講這個很衰的話來帶衰人。」雖然被譏笑、批評，甚至斥罵，但不管別人怎麼講，我依然堅持我的「安全第一」的理論。除非只有一部車，沒辦法，兩人只好同車，否則我還是能避免就避免。

記得有一次，國小學校同事一起去花蓮太魯閣遊玩，一共開了三輛車。

我一向喜愛開玩笑，有時口不擇言，在吃飯，看到大家精神不振，就講：「今天怎麼大家好像在吃忌日飯一樣！」有人聽了很生氣，紛紛罵我：「你在唸什麼肖話？」「你是在亂講什麼！」我一想不妥，出門講不吉利的話，難怪大家不高興。於是，我向大家道歉。

到了晚上，有些人閒不住，就找了司機一起熬夜賭博。我覺得這樣子不對，司機晚上不睡覺，第二天怎麼開車？就算他敢開車，我也不敢坐他開的車。聽我這麼說，同事卻很不高興：「你不要管！他就是喜歡賭。」還是硬拉了司機去賭博。

第二天，熬夜的司機精神不濟，車況又差，開著開著，他就打起了瞌睡。結果一不注意，車子撞上路邊一塊大石頭；還好路邊有這一塊大石頭，否則全車就掉到山溝裡去了。而以車子當時的狀況，一定是摔得稀爛，車毀人亡。

我幸運逃過一劫，想起上次死裡逃生的經驗，冷汗直流，於是向找司機打牌的同事抱怨：「我講不吉利的話，你們罵我；自己卻找司機熬夜賭博，難道你們不知道，我們的生命都掌握在司機手裡的方向盤中嗎？」同事不理我，反而說自己吉人天相，自有神佛保佑。氣人的是，這番胡說八道，居然還有人附和。

聽到這些話，我深深覺得，不理智遠比迷信可怕多了。祖父的教訓在此時又發揮效力。危機必須要在事情變得不可收拾前就要處理，否則危機就會變成善後了。

既然有這麼多人不理智，我也不敢再和他們同車了，於是我自己坐計程車到花蓮機場，再搭機回台北。

他們後來夠幸運，平安回到了台北，更鞏固了我在他們心目中的「神經病」形象。

◇要求家人也注重安全

我不僅自己注重安全，對於家人，也一樣嚴格要求，平常就要注意「安全」，並列為優先考慮事項。小兒子海岳在美國讀書時，很喜愛拉風的跑車，但我要求他，座車一定要買結實的德國房車。雖然他很不情願，但在我堅持之下，他也只能配合。

後來他在美國發生過兩次車禍，其中一次路旁的電線桿倒下來砸到車頂，還好德國車鋼板很厚、很結實，結果有驚無險。

小女兒威琪大學畢業後，考上了律師，在律師事務所工作。我規定她，絕對不能騎摩托車，因為肉包鐵，太危險。而且，我還規定她在皮包裡一定要放一支小鐵槌和一罐防狼噴霧，以防碰到心懷不軌的計程車司機，控制住後座的車門開關。至於防狼噴霧，更是女子防身必備品。

就連住家，我也妥為規畫緊急應變方案。我年輕時住在台北市重慶北路一帶，當時那裡幾乎都是四層樓的公寓。如果我住在三樓，一定會連四樓一起買下來，因為我所規畫的「逃生路線」是從頂樓開始。

我準備了一條逃生索，是一條打了很多結的結實繩索。我將逃生索的一頭緊緊綁在一個大保險箱的腳上，然後將逃生索捲好，盤放在一旁。如果碰上火災等天災人禍，只要把繩子往外一扔，就可以墜繩而下，逃出生天。

雖然，這條逃生索一次都沒用過，但我始終沒有輕忽，一年檢查一次，因為我相信，人算不如天算，一切還是要靠自己事先做好準備。

人算不如天算

禍兮福所倚，福兮禍所伏。

——《老子・五十八章》

年輕的時候，我常說一句話：「人定勝天。」但我沒想到，有一天，會從美國的小孫女口中聽到這句成語。

那天，我和小漢娜一起看電視上介紹人類飛行歷史的影片。正看得精采時，卻聽到漢娜問：「阿公，這是不是就是人定勝天？」

「誰教妳這句話？」我很好奇，誰會教這麼小ㄚ頭這麼勵志的成語。

「外婆啊！」漢娜很自然地回答，「就是上次在說有個老公公把山移走的故事時，外婆教我的。」當了三十多年小學老師的太太，果然時時不忘「因材施教」。

但小孫女的疑問還沒得到解答，她繼續追問：「阿公，人真的能打敗天嗎？」

「人，打敗天？」我苦笑，「天，那麼高，那麼大，那麼強，祂要做什麼，我們無法知道，也很難以抵擋。人那麼小，要怎麼打敗祂啊？」看到她有一點失望的表情，我繼續說，「雖然人算不如天算，但是我們可以努力，和天好好相處啊！人和天相處好了，就不會有這麼多的地震、颱風了！」加州很多地震，舊金山人身受其害，很注重環保觀念，小孫女頻頻點頭贊成。

「即使，天替我們帶來地震，颱風等災難，我們也不要太難過。」我說，「這也可能會是一件好事。」

◇發明王不是大富翁

年輕時，做出了一點成績後，難免志得意滿，說一些氣沖牛斗的話。但隨著年齒漸長，事情看得多了，我不再多說無謂的「壯志豪語」，只是埋頭認真做好自己手邊的事情，然後再看事情會如何發展。如果有機會上門，我會盡量去把握；如果談不成，我也不勉強。

因為，人算不如天算，我們真的算不到天地間所有的因素及變數。

既然世事難料，萬物自有安排，我們能做的，就是盡自己最大的努力去做。即使做不成，也說不定反而會有「塞翁失馬，焉知非福」的收穫。

在畫了幾十年漫畫之後，從一九七一年起，我一頭鑽進發明的領域。到目前為止，一共獲得了一百四十一項國內專利，以及四十三項國際專利，是台灣有史以來擁有最多發明專利的個人。

我擁有那麼多發明，很多人聽到的第一個反應就是兩眼放光，並且眼前浮出「$」的符號，說：「那你一定是大財主了！」這話讓我有點不好意思，因為「發明」和「賺錢」之間，並不存在一個等號。

因此，就算成了「發明王」，也沒讓我變成一個大富翁。

事實上，專利的發明，能夠轉變成商品而在市場上販售者，大約只占千分之二，其餘都被閒置。換句話說，即使發明家好不容易發明了一百項發明，並且申請到專利，能變成商品上市的也不過兩、三種。而在這百分之二開發成功的商品裡面，能夠賺到錢的，大概也只占千分之二。

為什麼發明家嘔心瀝血的發明不容易成為賺錢的商品？其中一個重要的原因，就是既然是「新發明」，意味著是一個全新的開始。既然一切要從零開始，到成為一個成功的商品，中間是一條漫長而艱辛的路。而發明的專利權利只有十年，時限一到，專利權即屬於公眾，不再專屬於你了；這時誰看上了，都可以拿來開發成商品。如果十年之中，你還沒有辦法將發明開發為成功的商品，將會遇到很多競爭。

即使是看似成功希望很大的發明，甚至有成功的先例在前，還是有可能會是一個錢坑。最好的例子，就是我的「萬年自來免削鉛筆」發明。

◇人算不如天算

「免削鉛筆」是國內紡織業大亨莊金池先生首先推出。他以八百萬元買下一名拆船工人的發明專利，然後花了五年的時間，及兩家紡織廠的資金，產品才成功上市。一上市就造成轟動，訂單接不完，賺的錢數以億計。消息傳出後，羨煞了發明界，八百萬，當時可以在台北市買十幾棟房子。

於是，許多發明家，包括我在內，迅速推出了「免削鉛筆」的「改良品」，而且申請到發明專利。

利之所在，趨之若鶩。我的專利一到手，投資者紛紛上門，迅速集資了二千萬，在桃園投資設廠。股東們全都笑口常開，等著坐收厚利。

夢想是美麗的，而現實是殘酷的。六年過去了，發明還是無法變成商品，股東也從希望的高峰跌到了失望的谷底，於是，怨言出來了。我沒辦法，只好找老朋友台灣發明人協會理事長林昭元幫忙，接下這個爛攤子。

林理事長很夠意思，為朋友兩肋插刀，不但接手我們的爛攤子，而且又繼續投入幾千萬的資本，終於將產品生產出來，可是這時市面上已經有更好的同類產品了。我們投注了上千萬的資金，前後花了十年時間，這時卻只落得黯然收場的命運。

有好多年的時間，我覺得很對不起林理事長，是我害他賠了好幾千萬元。但他從來沒向我抱怨過一句，見了面還是笑嘻嘻地打招呼、聊天。

不過，「失之東隅，收之桑榆」，或許是上天也不肯辜負好人，後來台灣的房地產飆漲，林理事長接手的廠房和土地價格也水漲船高，賣了好幾億。林理事長好人有好報，賺了不少。

於是，我學到了，再怎麼計算，也算不過老天，倒不如就不算了，安心地好好認真做我的事。

◇為了釣魚買房子

後來，為了陪伴家人，我在美國生活了十幾年。因為我喜歡釣魚，所以結識了很多釣魚的朋友，時常結伴去釣魚，河裡釣、湖裡釣、海邊也釣，甚至坐了船出海去釣。

釣友當中，有一個朋友姓林，英文名字叫富蘭克，連起來是「富蘭克林」，好笑又好記。他是台灣去的華僑，開了一間汽車修理廠，人很好，很慷慨，每次去釣魚都是坐他的車。

美國河大魚多而且傻，很好釣。可是政府對於釣魚的規定嚴格，不但釣魚要買執照，而且還限制什麼季節釣什麼魚，其他規定如限用何種釣竿、能釣幾條魚、尺寸多少……等，都有嚴格的規定。

而且，負責管理釣魚事務的漁獵局，有很多漁獵官，專門抓違規釣魚、打獵的人。人家都說老美誠實好騙，但長期和偷釣魚、打獵的人打交道，這些漁獵官其實精明無比，而且對於各族裔人士習性相當了解。

華人一向自恃聰明，喜歡要小手段。有一次，我隔壁的香港人釣了三條鱸魚，但法律規定十八吋以上的成魚以兩條為限。於是，他將兩條魚藏到沙子底下，然後繼續釣魚。漁獵官來了，他就說他只釣到一條。

這時，漁獵官指了指他腳邊的沙地，命令他：「你在那裡挖挖看。」人贓俱獲，結果當然不用說，開罰了事。漁獵官一面開罰單，一面說：「你不用想騙我，我老早就用望遠鏡看得一清二楚。」

我也一樣，有一次在一條河的上游，一處既像河又像湖的地方釣魚。美國規定河釣每人只能用一根釣竿，湖釣可用兩根。我用了兩根釣竿，結果被漁獵官當場抓到，被罰不說，還被送到法院，被判罰鍰。這是我第一次上法院，真是丟人。

種種限制，讓我們這群釣客覺得很不過癮，於是大家想，如果在河旁買一個房子，直接從家裡釣魚，漁獵官可沒辦法破門來查了吧！大家都覺得這是個絕佳的主意，可是，房子在哪裡？又由誰來買呢？

◇失之東隅，收之桑榆

說巧不巧，富蘭克林這時打聽到，在離舊金山約兩小時車程的河流上游，有人要賣一棟房子，正適合我們所開出的條件。那屋子附帶一個有屋頂的室內碼頭，可以停兩艘遊艇；更好的是，只要門一關，誰都進不來。

這條河裡魚很多，我們想，如果在自家內碼頭釣，那不就可以無限暢釣了嗎？於是，大家開始慫恿富蘭克林：「你就把它買下來讓我們釣魚算了！」

因為那房子也不便宜，他就有點猶豫不決。但經不起大家你一言、我一語的遊說勸說，最後他牙一咬，把那房子買下來了。

大家本以為，從此以後可以利用那棟房子釣魚、開派對、吃喝、小聚……一定可以玩得很快樂。

誰會料到，事情和我們想的完全不一樣。

富蘭克林買下房子之後，我們去了好幾趟，一面開派對，一面釣魚。本以為一定會大豐收，結果這麼多人卻一條魚都沒有釣到。大家覺得很不好意思，富蘭克林在我們的壓力下買了這棟釣魚屋，結果卻成了擺設。慢慢地，大家也越來越少去那裡聚會了。

沒想到，過了三、四個月，竟然有人出高價，要向他買那棟房子。雖然釣不到魚，他也有點捨不得賣。不過最後我回台灣了，沒再連絡，不知道他房子最後賣了沒有？不過，至少我沒什麼內疚感覺了。

◇沒想到的塞翁失馬

正因為世事難料，很多事情的結果非人力可以計算，我只能認真做自己該做、想做的事，有時反而會產生比預期更好的結果。

前兩年，為了配合伊甸基金會主辦的義賣活動，我讓主辦活動的人從我的民俗畫中選七張去義賣。其中有一幅畫，是畫客家人搬家的情境，我自己也很喜愛，本捨不得拿出去義賣，但偏偏它被選中了。因為已經答應了人家，我雖然有些心疼，但也沒有後悔的餘地。結果這張畫義賣了七十萬台幣。

事後，我越想越心疼，就很想再畫一張同樣主題的畫。一般我畫過的畫，從來不會畫第二張相同的畫。於是，我乾脆放大了來畫。本來只是兩張A4紙張大小的畫，我改畫了一幅「台灣喬遷圖」卷軸，內容中的人物、情景更多、更豐富，也更細膩。

我畫出長長一列客家人搬家的隊伍，一人搬著一樣家裡的東西。挑著擔子的男主人在最前面，他擔著農作物種子和祖先的神主牌，一邊拈著香，一邊和祖宗對話，請祖宗跟著他走到新家去。接下來五、六個人，一人拿一件床的零件。後面一字排開，一個人拿一樣廚房用品、客廳家具、工作器具、耕種農具、牛、生產工具……等，他們迤邐而下，經過丘陵道路，梯田田埂、石梯、山裡的道路、小橋……牛不能過橋，只得渡河而過等等。上面還有一首打油詩：「能做鄰居慶有緣，搬家全村總動員；多扛少拿沒人管，到了新家吃湯圓。」

最後，卷軸總長七七〇・三公分，很受到重視，被媒體喻為「台灣版的清明上河圖」，成了我的經典作品之一。

這幅得意作品，現在典藏在國立台灣歷史博物館，複製品也非常搶手。
這些發展，在我答應把畫捐出來義賣前，可從來沒想到過。

貪心才會上當

因小失大。
——《百喻經》

人算不如天算不說，很多時候，人再怎麼算，也抵不過別人有心的算計。

我一向認為自己很聰明。但我卻被人騙過，而且上當不止一次。

有一次，有人上門來推銷一種號稱是「滋補」的飲料，價錢還不便宜。來推銷的是一個年紀相當大的老婦人，身上背了好幾罐飲料，爬到三樓來推銷。她一開口，就稱讚這個產品多好多好……但我立刻打斷她：「妳不要多說了，我不會買。」

但她卻根本不理我，自顧自地繼續遊說：「你知道嗎？這是大廠牌，這個東西打開來，瓶蓋上有附獎，獎品有電冰箱、電視機……每瓶都有獎……統統有獎哦……」聽到有這種好康，我動心了。

「妳說每罐都有獎，打開來如果沒有獎怎麼辦？」我還是很小心，怕其中有詐，把情況先問清楚。

她倒是一副很坦然、很大方的模樣，說：「沒有獎你可以不必買啊！」這聽起來倒不錯，打開來有獎我才買，沒有獎可以不必買。我想，「這根本就是包贏的嘛！」於是，我掏出錢，買了一瓶，打開來，她馬上高興的叫起來：「恭喜啊！你中獎了。」

「我運氣真不錯！」我沾沾自喜，還以為中了電冰箱或電視機等大獎，湊過去一看，那獎是「再來一瓶」。我一看，就知道上當了，但瓶子都打開了，而且又「中獎」了，這時再不買，一定會被她說我耍賴，只好付錢給他。我付了錢，把「獎品」也收下來。

但我不知道那飲料有何成分，哪裡敢吃下肚，放了一陣子就丟掉了。

果然，貪心才會上當啊！

◇紅頂商人的巧計

「貪心」可以說是推動地球運作的一大動力，尤其是在商業的運作上，否則就不會有那麼多各式各樣的促銷方案和量販店、大賣場了。

我曾經聽過一個清朝著名的紅頂商人胡雪巖巧妙利用對手的貪心而避免損失的故事，也不知道是真有其事，還是後人託言其事。但故事是這樣的：

胡雪巖身為炙手可熱的紅頂商人，手眼通天，既開當鋪也開錢莊，參與到許多生意當中。有一次，他的當鋪有人送來一只精美的大磁盤求當，拿來典當的人說是官窯精品，只要當三百兩銀子就好了。朝奉收下了，拿給胡看，沒想到老經驗的老朝奉打了眼，買到了高仿的磁器。

打了眼的朝奉很羞愧，頻頻告罪，甚至想辭去職務。胡交代他：「這個消息先不要傳出去，你去查查看，哪些人對於這類瓷器有興趣，發個請帖，說花小錢收到了名貴的瓷器，請同好們前來鑒賞。」

這一天，所有邀請的客人都來了，酒足飯飽之後，正要拿出寶貝供人鑑賞。不料店員卻不慎跌倒，瓷盤被打破了。胡失了面子，當場大怒，並嚴懲店員，消息也立刻傳遍商界。

騙子聽到這個消息時，大喜過望，第二天就拿著當票，堅持要贖回那瓷盤。按照當鋪的規矩，當求當者拿著當票及足夠的當銀金額要求贖當時，當鋪有責任拿出原當物品贖還，否則當鋪得賠償顧客損失。

騙子趾高氣昂，得意揚揚，逼著當鋪一定要拿回原當物品。當鋪再三確認並且取回當銀後，便將他的那只贗品大瓷盤原封不動拿出來，還給他。

看！即使是騙子，也會因為太貪心，想多訛一點錢，而上了胡雪巖的當。

◇不知是推銷還是騙

大約三十多歲時，我家住在重慶北路一處公寓的三樓。那時有很多挨家挨戶上門來推銷商品的小販，推銷的東西五花八門，什麼都有，包括愛心鉛筆、書報雜誌……等，花樣很多。

有時你根本搞不清楚他們是在推銷東西，還是在騙人，或者是兩者都有。

有一次，一個看起來相當壯碩精悍的年輕人，拿了一堆沒聽過的書籍雜誌要來推銷。這位形象和推銷物品完全不相符的青年說，他剛剛管訓回來，找不到工作，好不容易才找到這份推銷書報雜誌的工作。

「請你買一本書，不然訂一份雜誌，」他說，「幫幫忙，我需要跑路費。」這已經不是推銷，而是威脅了。相信以他的塊頭，「推銷」的成績一定不錯，很多人會因為害怕而掏錢來買。

推銷的花樣很多，還有的人知道上門推銷東西惹人心煩，尤其拉保險的更是前仆後繼，所以針對性地設計了「讓人不得不買」的商品。

有一次，有人來按門鈴，我一看，是來推銷的，會妨礙我的工作。在他還沒有開口前，我馬上就說：「對不起。我不買任何東西，請你走開！」

「這個東西你一定要買！」他對我的無禮毫不在意，反而很有自信地說：「你一定要買！而且非買不可！」

我這個人生性好奇，他成功地勾起了我的好奇心，什麼東西非買不可？「好！」我說，「什麼東西？拿來看一看！」

他從隨身的袋子裡拿出來一個「拒絕推銷」的小牌子，說：「你需要這個，你不想要人家上門推銷，那你就需要這個牌子，掛在門口，人家就不會打擾你了。」

果真不錯，我買了一個。

有一次，一個小孩子來按我的門鈴。他沒有直接推銷什麼，反而說：「你樓下的信箱有信，好像是限時的。我想你不知道，所以上來通知你一聲。」我想，這個小孩子還滿好心的，結果下去看，根本沒有信，只是放了一張單子，看起來好像是有信的樣子。

我打開單子一看，是一張普通的宣傳單。這小孩子看了，就說：「對不起。我不知道，我還以為有信，好心去告訴你，怕你不知道，耽誤了事情……」講了一大堆，我才知道，原來他是來賣鉛筆，我只好勉為其難捧場一番：「好啦好啦！向你買一支。」

這種推銷手法也算高明。感覺上，他似乎幫你做了一點兒事情，讓你不好意思不買。但仔細推敲，搞不好那張宣傳單就是他放的？

◇你也被騙了嗎？

這些半推銷半哄騙的手法能夠成功，也是因為我起了貪心之故。但畢竟疥癬之疾，小打小鬧，損失不大，我並不是太在意。即使知道是上當了，也多半笑笑就算了。

所以，我很快就忘記了這些並不深刻的教訓。

不知道是上帝要我把這個教訓記得更深刻一點，還是當時的社會風氣本來如此，我很快就得到了更多的試煉機會。

有一次，一名穿著很時髦的年輕男子，帶了一個孩子，來到我門前。

他顯然早就打聽過我，開口就說：「劉大師，我是從海外回來的僑胞，因為喜歡你的漫畫，特地前來拜訪你。我特別去買了你的幾本漫畫，想要請你簽名。」這一番來自粉絲的話，讓我聽得樂陶陶的，於是請他們進門。

他的身上果真帶了幾本我的漫畫書，我簽了名，再度接受了他一番仰慕崇拜的讚美。這時，他才像想起什麼事情似地說：「真的好可惜！我特地從美國帶了一台最新的電腦回來，想把這個電腦送給你。沒想到下車的時候，電腦放在車上，司機開車去辦事了。待會兒司機回來，我再拿來送給你。」千里送電腦，禮重情更重；想著可以白得一台最新的電腦，我竟然就信了他的話。

我請他多坐一會兒，直到司機辦完事回來。

他又提了一件事，「我想請你幫個忙，只是一個小忙。」「什麼事，你說。」「我剛才在你家附近的一個餐館吃東西，吃完要付帳時，才發現我的皮包放在車上，而司機將要送你的電腦和皮包一起載走了。我沒錢付帳，所以我另外一個小孩，現在還坐在那邊等。」我沉默不語，等著他把話說完。

「我想先向你借一點錢，把帳先付了，我大兒子就可以來看你了，他也是你的忠實讀者。」他並且保證，「你借給我多少錢，我一拿到皮包，馬上就還你。」

我馬上就相信了。人家連一台好幾萬元的電腦都要送我，難道還會騙我幾千元嗎？何況，他的一個孩子還坐在我家裡，「應該不會有問題。」我爽快的拿了幾千元給他，他下樓去付帳了。

等了一會兒，那孩子說：「我去樓下看看我爸爸來了沒？」說完，他就跑到樓下去了。從此，我再也沒有看過這對父子檔。

此時，我才恍然大悟，「原來這傢伙是騙子！」後來我就去打聽，沒想到，我才剛起了一個頭，同行冒出的第一個問題就是：「你也被騙了嗎？」

原來這個騙子專門騙名人，尤其是作家、畫家等，一上門就說有多仰慕你，不是要買你的作品，就是要送你東西。這些文人、藝術家，平常難得受到這麼赤裸裸的「愛慕」，大概當下就昏頭了，何況後面還有電腦等禮物壓陣。

不管貪的是名？抑是利？上當的人還真不少。為了維持形象，我心虛的說：「沒有！沒有！是我的一個朋友……」

◇試煉不斷啊！

有的時候，這些人性的試煉來自於難以想像的人。

有一次，一個曾經訪問過我，聲音很好聽的高雄廣播電台主持人找上我。

一見面，她就說：「大師，你講話很有學問，我想請你來和我一起做一個節目。」

這個提議不錯，她的理由也很中肯；但是，去高雄做節目……未免太遠了吧？雖然我有一點心動，但考慮到舟車勞頓，還是打消了念頭，「不行，高雄那麼遠……」

沒想到，對方有備而來，對我的疑慮早就有了對策。她搖著手，說：「不不不！你不需要到電台來，只要你想講，就講，想講什麼都可以。你只要用錄音機把它錄起來，定期寄給我就好了。」我一想，「這倒也行得通！」想想，能夠去電台主持節目，出出風頭也不錯。於是，我答應了。

接下來就是技術問題了。她問：「你有沒有專業用的錄音機？」我答：「我沒有。」心想，「這不是電台應該要提供的設備嗎？」一面退而求其次，「不過，我有一般普通的錄音……」

「不行！」話還沒說完，她就打斷了我，說：「電台對錄音的品質要求很高，聲音要很清晰，一般的錄音機達不到標準。」接下來，她從車子裡拿來一個體積龐大，看似很「專業」的錄音機給我看，「要用像這樣的機器，才能達到台裡的標準。」然後，她對這產品又加了許多讚美之詞。

「那這要去哪裡買？」無奈之下，我只好向她打聽。她馬上自告奮勇要幫我買，「我幫你買，價格便宜，品質又好……」

錄音機很大，真的很好，是SONY的，在四十幾年前就花了我約兩萬塊錢。我也試著錄錄看，效果真的很棒，不管是放快、放慢，聲音都很清楚。我安慰自己，「這算是工欲善其事，必先利其器吧！」

但等我真的開始要錄音，並且也錄了幾卷後，那個人就不見了。節目呢？電台根本不知道這回事，也不知道那個主持人的行蹤。我也只好算了。後來，那台很棒、很大的錄音機也不知道被放到哪裡去了。

經過反省，我知道了問題其實還是出在自己的「貪心」上。於是，我向上帝祈禱：「主啊！我已經學到了，不要貪心，求你不要再讓我有試探的機會。阿門。」

給人笑笑也無妨

大肚能容，容天下難容之事；開口便笑，笑天下可笑之人。

——北京潭柘寺彌勒佛殿對聯

小漢娜聽完我受騙的故事，咯咯地笑了，並且做出評論：「阿公，你好笨！」

「阿公被騙，已經很可憐了，妳還笑我！」我故意做出可憐的樣子，逗小孫女開心。

「你應該去報警，」她提出建議，「讓警察把這些壞人抓起來！」

「那太麻煩了！」我脫口而出。看到小丫頭的臉色不悅，趕快解釋：「警察很忙，我這個是小事，他們不會管的啦！」

「可是媽媽說，只要做壞事，警察就會來抓！」

對於小孫女的認真，我有些頭痛，只好打起哈哈：「阿公的媽媽以前常說，吃虧了不難過，笑笑就好了啦！」

漢娜瞪著大眼，微微嘟起了小嘴，好像不太贊同我的話。

◇讓人開心沒損失

我媽媽的個性很大方，很熱心，喜歡幫助人。任何人向她訴苦，只要當時她身上有錢，看到人家有需要，馬上就會掏腰包，給東西。所以，她的身上存不了錢，常常一下就給光了。

有時候，她自己錢不夠，還會來找我。常常，才給了她錢不久，她又問我要，我覺得很奇怪：「不是才給妳錢嗎？」她扳著手指，一一數說她以我的名義做了什麼施捨，幫助了誰，又贊助了哪裡蓋廟、造橋，於是，錢一下子就花光了。她理直氣壯地說：「我是在替你積德、積福。」

我當時年輕，不忿有許多人藉著各種名目來騙我媽媽，於是說：「他們很多都是騙人的！是要來騙你的錢！」

想不到，媽媽聽了這話，卻笑了起來，好像想起了什麼似地，說：「也沒有什麼騙不騙的，讓人家開心一下，又有什麼損失呢？」

這種姑息的態度，我在年輕時是看不慣的。為了怕媽媽上當，我不敢給她太多錢，將她的零用錢放在她一些常去拜訪的親戚家，讓媽媽不至於無錢可用，但也不會被人家「騙」走太多。

後來，我把她這一句話：「讓人家開心一下，又不會有什麼損失！」改動了一下，變成「讓我開心一下，對你有什麼損失呢？」，放在大嬸婆的漫畫裡，成了膾炙人口的一句經典對白。

年紀漸長後，逐漸了解到，媽媽個性儉樸，不注重享受，吃穿喝用都不講究，唯有熱心、喜歡幫助人，她何嘗不是一面在做自己喜歡做的事，讓自己高興，同時也希望積德，帶給後代幸福。不管如何說，她的心是熱的，用意是好的。而且，就算她幫助的對象中，有一些人不懷好意，甚至用騙的，但還是有不少人確實在她的幫助之下改善了命運。

再仔細想想，她其實自有分寸，大部分只是拿手邊的錢去「做好事」，最多再向我拿點錢。而這些，也都是在我的承受範圍內，不致造成我的困窘。再想想，也許現在我過的好日子，其中也許有媽媽的一份功勞在內。

有時候，碰到一些事情，我想起她這一句：「讓人家開心一下，又有什麼損失呢？」也會忍不住笑了起來。

◇有創意的小把戲

小時候，如果碰上廟會或作醮，鄉下常會有野台戲，這是我最高興的時刻，因為除了我最喜歡的看戲外，還有很多在廟會演野台戲時才會出現的小攤販。

這些小販都跟著戲班跑，戲班到哪裡，他們也挑著擔子，賣到哪裡；晚上就跟演戲的人一樣，睡在廟的角落、戲台底下，或在野外打地鋪。他們賣的東西五花八門，最平常的就是糖葫蘆、麥芽糖……等等。

有一次，我發覺有一個小販，拿著一盒盒的舊火柴盒在叫賣：「噢～呵」。但這個叫「噢～呵」的奇特商品到底是什麼？卻沒有人知道。在客家話中，「噢～呵」不是任何東西，而是當東西丟了、打破了或飛走了時，人們就會發出「噢～呵」一聲，算是一種感嘆詞。

「這個『噢～呵』到底是什麼東西？」我心癢難熬，很想知道舊火柴盒裡到底藏了什麼秘密？但問到小販時，他不肯透露，還說：「你買了就知道了！」

這火柴盒雖很便宜，但我身上也沒有錢，趕快跑去找大嬸婆討錢來買。大嬸婆一聽我描述，也感到很好奇，乾脆就跟了我一起過來。大嬸婆東看西看，也看不出什麼門道。她問小販：「這個『噢～呵』到底是什麼？」而小販的回答也差不多：「你買來看，不就知道了！」

大嬸婆的好奇心也被勾起來了，拿出錢，買了一盒。我們小心翼翼地打開火柴盒，才打開了一條縫隙，一隻蒼蠅飛了出來，飛走了，我們不由自主地就一起喊了一聲：「噢～呵」。

這下子，我們明白他賣的「噢～呵」是什麼了！

「你敢騙我們！」大嬸婆發怒了，正準備施展出她最拿手的葉下偷桃，好好教訓一下這個小把戲的騙人小販時，小販卻回答：「妳剛才不是喊了好幾聲『噢～呵』嗎？我就是賣這個的。」

聽到對方這麼說，大嬸婆停了，想了一下，「噗嗤！」一笑，確實自己是喊了好幾聲「噢～呵」沒錯。於是放過了小販。

雖然大嬸婆不生氣了，但我還是要研究這個「噢～呵」是怎麼來的？難道是抓了活蒼蠅放進火柴盒裡，然後賣給人家，待買主一打開火柴盒，蒼蠅就飛走了嗎？但這麼做不是太費事了嗎？我們鄉下人都知道，死蒼蠅好拍，活蒼蠅難抓，要抓到活蒼蠅再塞進火柴盒裡，那可太費功夫了。

經過我一再苦思，終於靈光一現，「有了！」我想到了那小販是怎麼來「製造」「噢～呵」這個產品的了，「真是聰明啊！」活蒼蠅難抓，但抓蒼蠅的幼蟲可一點都不困難啊！他把蒼蠅的幼蟲（蛆）放在火柴盒裡，知道過幾天，蛆就會變成蒼蠅，待蛆長成蒼蠅後，就成了可以拿去賣的「噢～呵」。

我把想出來的結果告訴大嬸婆，聽到這麼有創意的作活，她也忍不住再次「噢～呵」了一次。我們相互對看，然後一起笑了起來。

◇讓人好氣又好笑的騙術

有一次，大嬸婆上街，碰到了一個讓人又好氣又好笑的騙子。

以前的銅錢，中間有個可以穿線的四方形孔洞，鄉下人上街時，常常把一百枚銅錢，用繩子串成一串，提在手上或別在腰間。這一天，大嬸婆手裡提了一串錢，準備上街買東西。

她在街上碰到一名年輕男子，對她說：「嬸婆，妳這樣拿錢會有危險。」

「我這樣拿著錢，怎麼會危險？」大嬸婆覺得很奇怪，自己一向是這麼拿錢，從來也沒出過什麼問題。

「可能有人會把妳的錢騙走？」

「怎麼可能？」大嬸婆不相信，說：「我拿在手上的錢，怎麼可能會被騙走，不可能！我不相信！」她卻不知道，這麼說正合對方的意。

對方趁機說：「好！那我表演一次，證明給妳看。」

他要大嬸婆把錢交給他：「嬸婆，你看，騙子會怎麼騙妳。」他把串錢的繩子剪斷，將一半的錢放在路旁一塊大石頭上面，然後拿起另一半，掉頭就跑。

大嬸婆沒想到會出現這個情況，一下子愣住了，不知道該怎麼辦？她想，如果現在去追那個跑掉的騙子，那放在大石頭上的錢怎麼辦？會不會被人家拿走？而如果要先拿大石頭上的錢，因為串錢的繩子都已經被剪斷了，錢幣四處散落，撿都不好撿，待把錢幣收集好，對方早就不知道跑到哪裡去了？

顧此失彼的情況下，大嬸婆為難了一陣子，最後只好放棄了去追那個騙子，慢慢將大石頭上的銅錢全部收集起來，然後到派出所報案。結果派出所的警察告訴她，她不是第一個上當的人，有不少人被同樣的手法給騙了。

原來行騙的騙子有兩人，一個騙了錢就跑，另一個則等在附近，如果受害人去追那個跑掉的騙子，放在石頭上的錢就會被另一個騙子拿走。

「妳還算運氣好，只被騙走了半串錢。」警察告訴她：「有好幾個人一串錢都被騙走了！」

聽了警察的解釋，大嬸婆覺得又好氣又好笑，「我這麼聰明，力氣這麼大，結果還是一樣受騙上當！」她無奈地笑了。

◇給人笑笑又何妨

大嬸婆上了年紀，但依然活力充沛，沒事很喜歡和人在一起說說笑笑。她有十三個孩子，傳下來的子孫很多。大嬸婆平常沒什麼長輩的架子，所以這些晚輩都很喜歡和她聊天、開玩笑、鬥鬥嘴。

有一天，外孫女要帶她上街。大嬸婆一聽要出門，馬上精神抖擻，立刻將出門三寶——裡面裝有點心和衣服包袱、一把黑布雨傘，還有隨身茶水拿好，準備要跟著外孫女出門。

出門前，年輕、時髦的外孫女，正將最近才新買的一個漂亮手提包挎在手上，準備帶上街去秀一秀，看著大嬸婆一身土里土氣的打扮，實在不搭調，忍不住皺著眉說：「外婆，妳帶雨傘幹什麼？外面又沒下雨。」

「呵呵，妳沒聽過天有不測風雲嗎？」

「外婆，妳這個包袱太土了，不好看。要不要換個皮包？」

「我習慣這樣的包袱，又輕又能裝，好用就好了，」大嬸婆根本不以為意，「包袱好看不好看又有什麼關係。」

「可是妳這樣子，會被人家笑。」

「給人笑笑又何妨。」

外孫女說服不了，只好由著大嬸婆以一身鄉巴佬打扮上街。

結果，祖孫倆人在街上看熱鬧，街上人多，大家擠來擠去。待要回家時，才離開大街，外孫女就發現她那漂亮的皮包不知何時被人劃破了，裡面的東西統統被人偷走了。

外孫女哭得好傷心，「嗚……嗚……可惡的小偷……」不但用來炫耀的漂亮皮包被劃破了，還把她的皮夾、信用卡、身分證、手機……全都拿走了，「我一定要抓到你，把你打死……嗚嗚……」

大嬸婆不慌不忙，拉她坐在路旁的椅子上坐下，打開包袱，拿出裡面的點心，配上茶水，勸說：「東西要中用，不要中看，人家看妳的皮包太漂亮，以為裡面有好東西，才會想割破妳的包包，偷妳的東西。妳看，我這個包袱，誰會來偷？」

「可是，」外孫女一面噙著眼淚，一面分辯道：「這個包袱那麼土！拿著會被人家笑啦！」

一聽此言，大嬸婆笑了起來，說：「給人笑笑又何妨，重要的是，現在我的包袱還可以用，而妳的包包已經不能用了！」

聽完大嬸婆的故事，小漢娜又笑了，說：「大嬸婆真好笑！」

我點點頭，同意她的結論，並且還加了註解：「大嬸婆不只好笑，還做了不少好事，造福了家鄉……有些好事，甚至連她自己都不知道。」

內灣靠大嬸婆翻身

太上有立德，其次有立功，其次有立言，雖久不廢，此之謂不朽。

——《左傳‧襄二十四年》

一九九九年十二月，我從美國回台灣參加「國北師校友六人展」，沒想到卻促成內灣小鎮的起死回生。

當內灣商圈的總幹事彭瑞雲老師找到我，並要求我「回饋家鄉，救救內灣」時，我很驚訝，「內灣怎麼了？」

位於新竹縣橫山鄉的內灣，是大山背的隔壁小村。記得當時的內灣，因為開礦挖煤和伐木，聚集了很多人，既熱鬧又繁華，好吃好玩的一大堆，比起貧窮的大山背要富裕多了。

「要不要回內灣看看？」彭老師邀請我回內灣看一看，離鄉數十年，我也很想回去看看。

一看之下，我大吃一驚。

◇一罐蘿蔔乾的授權

彭老師領著我在內灣街上走了一遍，我們就沒力氣了。不是走不動，而是眼前所見的情景太令人震撼、失望。

往日所熟悉的熱鬧、繁華景象不見了，所見盡是冷清、寂寥與蕭條。整條街的商店都成了替工廠加工的家庭作坊，如吉他等，只有一家開門做生意，賣的是糖葫蘆，我買了一串，拿在手裡，也沒有心情吃。

回到他家，我們坐下來，彭老師問我：「我們想要借重你的漫畫人物來打造鄉鎮，你願不願意回饋故鄉？」接著，又問我「你要多少錢？」

「既然你都開口要我回饋了，我怎麼好意思要錢？」我心裡想著，如果是大嬸婆，碰到這樣的場面，她會怎麼說？會怎麼做？

「不然這樣，」我說：「你找東西和我換？」

「找什麼東西呢？」

「你冰箱先找找看。」

他找到一罐陳年蘿蔔乾，拿出來，說：「這個可以嗎？」「棒透了！」我說：「蘿蔔乾交給我。」然後，我就寫了一張同意書給他，將我的漫畫人物肖像權利，無償供內灣公家使用；如果個人要使用，一年的費用是：一塊錢。

我是鄉下長大的小孩，長輩從小教我們要誠實、老實、對人要好，要有良心道德……等等；後來在社會上，發現自己常常吃虧、上當，甚至碰到種種不堪其擾的事情。後來，我把所有商務性的事務，都交給受美國教育的兒子處理，自己只管創作、發明、畫圖，自在多了。

這一次，為了幫忙打造內灣，我自己拍板，以象徵性的一塊錢授權金授權內灣的商家用我的漫畫人物做文宣、招牌等，就是希望能貢獻自己的力量，讓故鄉得到重生。

我和商家們簽了為期一年的合約，主要原因是為了維持品質，如果品質不好，一年就結束了，不讓他繼續使用。

◇大嬸婆野薑花粽異軍突起

重新打造內灣商圈的活動，最後決定以既鄉土又親切的「大嬸婆」為中心而展開。從此，大嬸婆就成了內灣的代言人。

在我授權之後，彭老師和我商量，想要推出能夠充分代表內灣的地方特色商品，而且不但價錢要好，不能太貴，還要有客家庄的特色。於是，我想到了我媽媽以前包的野薑花粽。

我媽媽在大山背老家開墾的時候，常去採野薑花的根做香料，葉子用來包粽子，做成點心給工人吃；因為香味很特別，有別於一般的肉粽，甚受工人們喜愛。後來，這種野薑花粽的作法就慢慢流傳出去了，內灣也有人學到了這門技術。

彭老師看好野薑花粽的潛力，決定乾脆自己來賣野薑花粽。他請我授權給他使用「大嬸婆野薑花粽」的名義。看到他一直努力要行銷內灣，我答應了授權給他。簽了合約，他付了授權費之後。我送他一張很大的水墨畫，上面畫了總統府、漫畫人物小聰明、真真、小頑皮等，當然主角是大嬸婆騎著機器人，帶著野薑花粽，背上還插著一面有「宅急配」的旗子，表示要送到總統府當國宴的粽子。

自從他開始使用大嬸婆的招牌和商標來賣野薑花粽之後，大嬸婆的野薑花粽一時風行，遠近聞名，後來連超商也在賣大嬸婆野薑花粽。內灣的野薑花粽成了客家美食的代表。

◇大嬸婆和阿三哥帶來商機

內灣採用大嬸婆做內灣形象代言人後，馬上熱鬧滾滾，吸引了許多遊客前往內灣一遊「大嬸婆之鄉」。本來抱著懷疑態度的商家一看，土里土氣的大嬸婆居然有這麼好的效果，紛紛搶著跟進。

內灣的街尾有一家本名為「鄉親」的餐廳，雖離火車站不遠，但據老闆講，在以大嬸婆打造內灣前，平日一個客人都沒有，到了週末或假日，常常只有賣出幾瓶礦泉水而已。老闆本來已經快要經營不下去了。

自從採用大嬸婆做內灣形象代言人後，我也很努力配合宣傳，替內灣創造商機。有一次，記者在他的餐廳訪問我，並拍了一些照片。訪問稿在報紙刊出後，裡面有張以餐廳當背景的照片。他好高興，把報紙文章放得很大，貼在餐廳裡面。

後來，他乾脆請我授權大嬸婆給他做招牌，並改店名為「大嬸婆私房菜」。我答應了，合約簽完，付了授權費之後，我照例送了一張大幅的畫給他，畫裡有很多人物：大嬸婆抱著一盤私房菜在跑，小聰明、機器人、阿三哥……都追在後面，搶著要吃那盤菜。我還題了一首打油詩：「大嬸婆的私房菜，名滿天下人人愛；祖傳秘方無二家，吃過方知不是蓋。」

說也奇怪，這個招牌掛上去後，天天客滿，到了假日，生意好得不得了，常常排隊都進不去。老闆很高興，直說：「大嬸婆太有價值了！」

內灣藉著大嬸婆重新煥發光采後，僅一橋之隔的南平卻冷清如故。我有一個結拜兄弟，在那裡有一塊地，也開了一家餐廳。他見大嬸婆受歡迎，於是也叫我授權給他。但是，大嬸婆已經授權給別人了，沒辦法重複授權。他腦筋一轉，叫我將阿三哥授權給他使用。

他想複製大嬸婆私房菜成功的例子，於是將餐廳改名為「阿三哥招牌菜」，並且做了一個比真人還大的阿三哥塑像，擺在店門口。

但我建議他，開餐廳一定要有特色，大嬸婆主打客家傳統美食，那阿三哥招牌菜就要有不一樣的特色菜。我希望他能主打「野菜」的特色，因為都市人平常吃多了油膩的食物，會喜歡吃健康又清爽的野菜，合乎現代人的養生觀。我並且畫了一張阿三哥背著原住民的背簍，手裡拿了一個望遠鏡，和其他的漫畫人物一起採野菜的畫。籠子裡裝了各式各樣的野菜，不但有竹筍、香菇等，還有河裡釣的魚，強調食材「野生·自然·有機」。

這張畫很有趣味，很多遊客特地跑來站在這張畫前拍照，並和門口的阿三哥塑像合影，吸引客人絡繹不絕，老闆樂得笑口常開，為自己的慧眼得意不已。

◇內灣因大嬸婆而發熱

內灣因為「大嬸婆」而重新獲得生機。後來發揚光大，更是託了大嬸婆的福。

幾年下來，內灣真的改頭換面了。原來蕭條、冷清的街道，到了假日，被規畫為行人徒步區的老街上，幾乎都是人氣沖天，萬頭攢動，進去一趟，沒撞到幾個人幾乎是不可能。

台鐵本來要關閉乘客只有小貓兩、三隻的內灣站，裁撤根本不敷營運成本的內灣支線。但因為大嬸婆，內灣繁榮起來了；台鐵的黃局長並不看好，預期只有三個月的熱鬧光景，不料來內灣旅遊的人越來越多，原本的三節車廂不夠，再加開三節，後來又加開三節。

內灣站和內灣支線不廢了，假日還開加班列車。

內灣的商家對大嬸婆充滿了感激之情。在大嬸婆和阿三哥的雕像啟用的第二天，下起了雨，有人主動替大嬸婆的雕像打起了一把雨傘；天晴了，又有人撐陽傘。過沒幾天，還有人拿了祭品牲禮一隻雞、一塊肉、一條魚……來拜。有人問拜的人：「大嬸婆又不是神，為何要拜她？」「我們拜土地公，拜了一輩子，都沒有賺到錢。」這位居民說了，「自從內灣有了大嬸婆後，大家都賺到錢了，這不都是大嬸婆帶來的嗎？拜一拜有什麼關係？」

用了大嬸婆等人的招牌之後，賺了錢的商家，為了要報答我，趁我每年過年、過節到內灣時，都會拚命往我口袋塞紅包，有時塞得口袋都裝不下了。因此，雖然沒有拿他們授權費，我的心裡還是很高興。

紅包是每個人的心意，是給老人家買零食的零錢，有的重，有的輕，但這不重要。只是紅包上常常沒有寫名字，給的人又多，一家一家塞給我以後，我早就不記得誰塞給我什麼樣的紅包？回家後還要傷腦筋，去回想有誰塞給我紅包。不過，通常我會記得紅包最大包的人，因為放下去時很重，打開一看，十萬塊錢。後來過年過節，我就不敢再到內灣街上走了，免得招人誤會是來收紅包的。

還有一位黃先生，是內灣的大地主，他說內灣會有今天，是我的功勞，因此堅持要送我六十坪的地給我蓋房子。他說：「我感激你，我私人要送給你六十坪土地。」當時我以為他是在開玩笑，沒有認真推辭，直到他說：「我代書已經找來了，馬上就寫文件給你。」我才知道他是講真的。但我沒有要，拚命才推掉。

這件事被很多親友知道了，都說我：「傻！」但我想，為鄉親服務，是我畢生最快樂的事，賺到一個「爽」字就很夠了。

◇小鎮的熱心回報

但是，內灣的人還是會想辦法來報答我。

有一次交通大學要典藏我的畫作、漫畫稿和發明資料等，為表尊重，還特別舉辦了典藏典禮。內灣的鄉親從媒體上知道了這件事，就自己串連起來，要到交大為我慶祝。

典禮當天，他們租了一台遊覽車，加上一排自用車，浩浩蕩蕩地來到交通大學。典禮在交通大學禮堂舉行，禮堂並不大，當我抵達時，禮堂早被來自內灣的鄉親、商家擠得水洩不通。而且，他們還準備了很多吃的東西，包括炒米粉、菜包、肉粽、肉丸、香腸、豬腳……等，現場簡直就像一場盛大的派對一樣。

大家吃得很開心，玩得很熱鬧；就連交通大學張校長也說，交通大學還從來沒有這麼熱鬧過。

後來，交通大學又替我辦了一次畫展。這些鄉親心想，辦畫展，人一定會更多，所以準備了更多的食物，免費供應。因為展場在交通大學的圖書館外面的一個廣場，當這些吃的東西全部擺出來，簡直就像鄉下人拜拜時的流水席一樣，不但食物好多，來賓也一下子來了很多。

交大的同學發現一早就有免費東西可吃，於是一傳十，十傳百，許多人都跑來吃早餐。賣香腸的老闆告訴我，光是香腸，那天早上就被人家吃掉了兩千多條。

◇內灣是大嬸婆之鄉

現在，如果你有機會到內灣來走一走，你會輕易發現到，這裡已經變成了「大嬸婆的故鄉」。

走在內灣街上，你將會發現街道兩旁的招牌，好多都有著「大嬸婆」的字樣：大嬸婆私房菜、大嬸婆野薑花粽、大嬸婆發糕、大嬸婆客家美食、大嬸婆菜包、大嬸婆烏梅汁……等等，足足有三十多家。很多商家直接就拿我的漫畫人物做招牌，而且生意都不賴。

我想，如果大嬸婆仍活著，當她來到內灣街上，看到到處都是自己的像，一定很高興，說：「到處都是我，就不會找不到地方串門子了！」

一頓罵與六條褲子

師者，所以傳道、授業、解惑也。

——唐・韓愈〈師說〉

在我描述內灣的熱鬧景象，以及滿街的美味小吃時，小漢娜忍不住鼓起掌來，歡呼：「大嬸婆好棒！」她並且向我撒嬌：「阿公，你要帶我去內灣吃小吃！」

「一定一定！」孫女的要求，我沒口的答應。

「阿公，」漢娜問：「大家好像都很喜歡大嬸婆。」

「對啊！因為她很熱心，喜歡幫助人。」我說：「能關心別人，給別人溫暖的人，當然會讓人感動而牢牢記住。」

「那還有其他人讓你感動，並且牢牢記住的嗎？」

「當然有！」我毫不猶豫地回答。

◇孫老師的一頓罵

我愛我的老師。當然，不是全部。

在三十多年當學生及老師的日子當中，我曾接觸過許多老師，有的嚴格有的寬容，形形色色都有。其中影響我最深，在我的人生當中畫下了重重一筆色彩的有兩位師長：一位是在日治時代小學的「放牛校長」陳勝富，一位是我在北師專時的導師孫立群。

這兩位我所敬愛的師長，身分、背景和個性都不大相同。

陳校長是新竹橫山鄉的客家人，畢業於日治時代的台北師範學校。陳校長平易近人，對學生非常寬厚仁慈，是學生和家長最好的老師及朋友。在台北師專美術科三年中，始終都擔任我的導師的孫老師是福建人，畢業於上海美專，個性光明磊落，教學嚴謹，治學認真，以美術教育為己任，是學生又敬又怕的老師。

但這兩位老師也有共同的地方：他們對學生的愛和奉獻是一樣的，並無二致；而且，他們對於學生的關心與照顧，不是放在嘴巴上，而是以行動具體表現。所以，他們才會受到學生的普遍愛戴與懷念。

巧的是，我和這兩位老師的互動，都和「牛」有關。

我和太太結婚時，邀請孫老師致詞。他語出驚人，在結婚典禮上爆料，說：「劉興欽不是人，是牛！因為沒有做好的事情，他拚了命也要做到好。」

當場聽到這句話，我心情很激動，要不是怕搶了新娘的風采，可能當場就飆出既辛酸又感激的男兒淚來。

這番話的源頭，是因為我在就讀師專藝術科一年級時所繳交的素描作品，讓原本坐著的孫老師當場站了起來，用手指著我，大罵：「劉興欽！你畫的是什麼東西？根本不成樣子！」「不用心！回去重畫。」

雖然我一向調皮，但很少因為課業而被老師責罵，尤其還是被一位我所敬重的師長在課堂上痛罵，我十分狼狽，覺得簡直是無地自容，差一點當場就流下男兒淚，更恨不得世界就在那一刻毀滅，讓所有的羞恥與慚愧在瞬間灰飛煙滅。

◇俯身甘為吾師牛

當然世界繼續安穩而沉默的運轉。

我垂下頭，接受了老師的指責。雖然我有一些原因，但我知道，不論原因為何，做不好就是做不好，此刻辯解自己的困難已無意義，唯有拿出行動來證明我不是廢物。

此後，一到中午午休，囫圇吃過午飯後，我也不睡午覺了，自己到美術教室去畫素描，風雨無阻，日日如此。中午的美術教室沒有其他人，空曠的教室只有我和炭筆在紙上發出的「沙……沙……」聲。後來，就連管美術教室的老師也覺得不勝其擾，乾脆把教室鑰匙交給我，任我自由出入。

學期結束時，我交出一百多張素描作品，是同學的三、四倍。孫老師大為感動，除了在課堂上稱讚我：「從來沒有見過這麼用功、這麼自動自發的學生，實在了不起。」而且他還自掏腰包，買了水彩、鉛筆等美術用品送給我。

這段學習過程，對我一生影響甚大。一方面是我因此而大受鼓舞，產生信心，學習成績突飛猛進，最後才能以第一名的成績畢業，分發到台北市永樂國小，結識了在同校任教的太太，最後組成家庭，過著幸福的日子。

而在另一方面，要成為漫畫家，第一步是要能畫實物，人、物活靈活現，才會有精采的作品。因此，不管畫什麼，都要從素描、寫實開始。打好了素描的底子後，才能進一步講究隨心所欲的變化。

孫老師教學非常認真、嚴格，如果不認真的學生，他會毫不客氣地罵，根本不留情面。但他對用功的學生卻又特別鼓勵和照顧。

孫老師知道我飯量大，在學校食堂常吃不飽，每次師母煮了什麼好菜，就會招呼我到他家吃飯，吃飯時還一直叮囑：「你飯量大，多吃點！」師母對我也是那麼慈愛，讓我得到許多溫暖。

除了學業上的啟發及進步外，我受孫老師影響最深的，是他光明磊落的個性。他曾經教我一句話：「做人就是要光明正大，才能心安理得。」這是我終生奉行不渝的一句話。

因為這句話，我在當了二十三年的國小教師後，提早辦理了資遣，只拿了一點錢，放棄了再兩年就可拿到一筆豐厚退休金或終身俸的待遇。許多人勸我：「你怎不再忍兩年，就可以拿退休金啦！」「反正你教美術也很輕鬆，隨便混混就好了！兩年一下就過去了。」「你好傻！」

我說：「無功不受祿，我這樣心安理得。」這是我向孫老師學的。

後來我到美國，人家告訴我，我可以去申請窮人的醫療保險和補助，很容易申請。而且，很多人來到美國都這麼做。但我卻認為，我對美國一點貢獻都沒有，一踏進美國國土，就要享受人家的福利。沒有付出，怎麼拿人家的好處呢？所以我一直沒這麼做。

後來美國的朋友告訴我，他拿了退休金後，不但去申請了美國的貧民醫療和補助外，還回台灣來領老人年金。他勸我依樣辦理，我搖搖頭，拒絕了，又被他罵：「你為什麼不辦？好傻！」即使後來回台灣，我也從來沒去申請老人年金。

我只是覺得，不該我拿的，我就不拿，如此才能心安理得。

這是孫老師言傳身教榜樣的力量。

◇放牛校長與移動教室

我曾在許多場合講放牛校長的故事，因為他不僅是我最親近、最感念的師長，而且他為學生課業付出的關心及所做的奉獻，鮮有人及。

農家事多，所以鄉下人力資源很寶貴；而且鄉下人常常認為孩子長大後，不外從事種田、開礦，不用讀太多書，能認識幾個字就夠了。因此，有的家長寧可讓小孩子去放牛，也不讓他們去學校讀書。

放牛校長所以被稱為放牛校長，就是因為他為了讓被家長派去放牛或幫忙農事、家事的學生能夠安心讀書，主動替學生放牛及照顧幼兒。小時候，每次去上學，校長都會在半路等著，見到我就拿走我手上的牛繩，說：「來！把牛交給校長，校長幫你看牛，你們去讀書。」

為了讓學生能夠安心上課，他或校長夫人常常同時要放好幾家的牛。

有一次，他問一個不肯讓小孩上學的家長：「你為什麼不讓你的小孩子讀書？」

「不行啊！他要放牛。」

「牛可以帶到學校來，校長會幫忙放牛。」

「不行啊！大牛容易，小牛你管不住。」

「怎麼不把小牛賣掉？」

「景氣不好，沒人要。」

「那我可以向你買嗎？」

「校長，你又不種田，幹嘛要買牛？」

「這樣你的小孩就可以來上學啦！」

結果，校長買了好幾頭小牛，把薪水花光光不說，還差點讓村人誤會他要改行當牛販子。

碰上大人被日本軍隊徵召去做事，小學生必須去工作，或者小學生奉命不上課，改去勞動服務時，校長怕我們會荒廢學業，乾脆採取「移動式教學」，自己頂著大太陽或寒風，站在水田中間，拿著課本，大聲的講述歷史故事或朗讀課本內容給我們聽，有時甚至還教九九乘法，讓跪在田裡工作的小學生可以一邊工作，一邊聽課。

陳校長很注意小學生的行為與活動，有時甚至不恥下問，這和其他只會擺出高高在上的架子或照本宣科的老師大不相同，在當時的教學風氣下，尤其難能可貴。

有一次，我在操場上用芒草心抓蜻蜓。我在芒草柔軟的一端打一個結，然後在手裡搖搖，蜻蜓就來了，一伸手就抓住了。校長注意到我的「工具」，問我：

「你那個後面綁什麼？」

「後面打一個結。」

「為什麼這樣蜻蜓就來了？」

「蜻蜓只吃動的東西，和青蛙一樣。如果是不動的東西在他們面前，他們絕對不咬。打一個結，一動它就咬了。」

「好好玩！你抓那麼多蜻蜓幹什麼？」

「放它走啊！」

校長樂了，笑笑的走開。

◇校長太太的圖畫紙

我的腦筋很靈活，又很愛搞笑，所以校長常會和我以平等的態度來討論問題；久而久之，我和校長太太的關係也很好。以前我常到校長宿舍，和她聊天、開玩笑。她半跪坐在宿舍的榻榻米上，我站在院子裡，會隔著窗子和她說說笑笑。

台灣剛光復時，我想要參加圖畫比賽。但我根本沒有圖畫紙，也買不起。但我知道校長為了方便同學，常會利用禮拜天回橫山鄉下時，購買我們需要的學用品，帶回學校，再照原價錢賣給我們。

我想買的圖畫紙八開大，要一分錢，很便宜，但我卻連一分錢也沒有。想了半天，我想到一個辦法，於是跑去找校長夫人。

「校長夫人，我和妳打個賭，好不好？」

「這個小鬼，有什麼好賭的？你是不是有什麼事？」

「是這樣，我需要一張圖畫紙，所以來和你打賭。」

「要賭什麼？怎麼賭法？」

「妳猜猜看我這條褲子，哪一塊布是原來的？」鄉下人很窮，褲子都是補了再補，常常補到人家都認不出來褲子的原色為何，更不要說原布了。所以，我說：「校長夫人，妳猜猜看，妳猜對了，我就幫妳挑十擔水。」當時校長家喝的水，也是要到學校下面相當遠的地方挑水，很辛苦。我相信，她會接受這個賭約。

「要是輸了呢？」校長夫人問。

「如果妳輸了，就給我一張圖畫紙。」我認為，這個賭，我是贏定了。

「好。賭定了。」她隨手一指，指到一個補丁的地方，說：「這一塊！」

「錯了！校長夫人，這是補上去的，原來的褲子是這一塊。」

我們兩個都哈哈大笑。然後，她將一張圖畫紙交給我：「好吧！輸給你了，拿去用吧！」我好高興，拿了那張圖畫紙，我就可以參加比賽了。

第二天，我一大早就到學校，趁校長夫人還沒有起床，替她將水缸的水挑滿。她起來後，發現水缸的水滿了，一下就猜到是我做的。找到我，她問：「你不是打賭贏了嗎？為什麼還要替我挑水？」

「我怎麼能占您的便宜，」我說：「何況，妳也是故意讓我的吧！」

我們兩個又哈哈大笑。

◇放牛校長與六條褲子

因為放牛校長樂於助人，所以在村民之間的聲望很高，只要他要做什麼事，大家是一呼百諾，聞聲景從。

台灣剛光復時，家鄉的廟修建好之後，要做醮及好幾天的大拜拜，要殺豬公大請客。想到這一番熱鬧光景，大家都很興奮，尤其是我。因為我從小飽經薰陶，是拜拜的高手，即使在劉家這樣的大家族中，也屬我最會拜拜，通曉諸般禮儀，所以一般拜拜都會叫我去，大拜拜更少不了我。

大拜拜真正開始的前一天，要在河流裡放水燈，告訴好兄弟：「來吃拜拜了！」那一次，也是我負責拜拜，要去放水燈。

因為是當地的廟，那天放牛校長也來看熱鬧。我要去放水燈時，只見河水很深、很急，心裡有一點害怕，但該做的事還是要做。我端著水燈，打算下水放燈時，被校長看見了。

校長叫住我：「喂！阿欽，你不可以下水。太危險了！」

「可是我要放水燈。」

「那這樣好了，校長幫你放。」怕長褲打濕，校長把長褲脫下來，交給我：「阿欽，你幫校長保管褲子，順便你就去燒香，校長在這裡幫你放水燈。」

我拿著校長的褲子，想到燒香時若手裡拿著一條褲子，未免對神明不敬。於是，我把褲子放在一棵樹下，然後去燒香。待我燒完香，回來一看，「慘了！」褲子不見了，一定是被人家偷走了。

「完了！完了！」我想到，「校長的褲子被偷走了，而他的內褲也會打濕。」白色的內褲打濕了，非常不雅觀，尤其他還是校長，誰都認識他。「怎麼辦？怎麼辦？」我急得團團轉，嘴裡還不停叨唸：「慘了！慘了！慘了！這次真的慘了！」

我趕快跑到河邊。此時，河裡只剩下校長一個人，一看到我，他就叫我：「阿欽，把褲子趕快拿過來。」我說：「對不起，校長，褲子掉了，被人家偷走了。」校長一聽，臉都發青了，問：「那怎麼辦？」

我靈機一動，想到校長教書好多年了，許多學生現在都已經是成年人了，來拜拜的人當中，一定有他的學生。我向校長解釋情況，並且保證：「就向他們借條褲子穿好了！」「那你趕快去。」

我跑到拜拜的地方，找到幾位學長。我叫他們圍過來，說：「欸！阿錦，阿興，你們把褲子脫下來。」這些人一聽到我叫他們脫褲子，不知道我要幹什麼，馬上用手護住褲子，緊緊張張地問我：「阿欽，你要我的褲子幹什麼？」

「事情嚴重了！」我說，「校長沒有褲子穿。」一聽之下，這些學生紛紛慷慨解褲。

最後，我手上捧了六條褲子回去，拿給校長看：「校長！你要哪一條？」校長傻眼了，說：「怪了！我只要一條褲子，你怎麼拿了六條來？是誰的褲子那麼多？」我往後面指了指，「你看！」他一看之下，發現我後方有六個只穿著內褲的學生，正躲躲閃閃地站成一排，還在那邊笑。

校長愣了一下，也跟著大笑起來。

小漢娜聽到這裡，也咯咯地笑個不停。

人間處處有溫暖

「溫暖」這兩個字很有意思，一定是在冷硬的環境下，才會有可貴的「溫暖」感受。回顧一生，雖然有艱難辛苦的時候，但常常也是在這樣「冷硬」的情境中，我們碰到了能產生「溫暖」感覺的人或事。

因為他（它）們，冷硬變得溫暖了。

「好好玩！」小漢娜說：「他只要一條褲子，結果六個人都把褲子脫下來給他了。」

「對啊！」想到六十多年前的那一幕，如此鮮明，我也忍不住笑了。

許多深藏在記憶深處的片斷，忽然重新散發出光芒，如黑夜中的點點星光……

「其實，」我又想起了一些事，一些溫暖的故事，「還有一個和褲子有關的故事。」

「阿公，那你趕快講給我聽。」她要求我。

「這是很久以前的事了……」

◇堂哥的褲子

我從師範學校畢業後，留在台北市當國小老師，很少回家，也沒辦法親自侍奉身體日衰的父親。

還好，幸虧我的堂哥劉興錦和我爸爸住在一起，幫忙照顧因為矽肺病而長年臥榻的爸爸。那時爸爸因為肺部功能幾乎喪失殆盡，已沒辦法進行任何較劇烈動作，大部分時間都是躺在床上。有一次，桌上的燭火倒下來，燒到了窗簾。雖然爸爸看到了，想要起身滅火，但心裡越是焦急，身體越是動彈不得，只好眼睜睜看著火越燒越大，還好堂哥即時趕回來，把火滅了，否則全家連爸爸早就消失於烈焰之中了。

每次爸爸的病情危急，送到醫院，醫院都會發出病危通知書。我接到父親病危的通知，馬上就向學校請假趕回家。大山背地處偏僻，交通不便，單趟來回都要花一整天時間。但常常才趕到家，就看到父親笑著在家門口迎接我。原來他被送到醫院後，病情好轉，就又回家了。

這樣的情況發生多次，雖然我很高興父親無恙，但學校對我常請假已多有煩言，身為一個菜鳥老師，我很為難。

堂哥不但孝順我父親，也特別疼我，安慰我不要掛念家裡的事，好好當老師，他會盡心盡力幫忙。

父親最後一次病發，可能基於體恤，並沒有通知我。當我得知父親過世的消息時，太震驚了，什麼也沒準備，穿著平常上課的衣服就匆匆趕回家。

一番悲傷過後，到了要進行喪葬儀式時，身為喪家子弟，需要長時間跪在靈前進行儀式和答禮。我想也不想，就跪了下去。

「等一下！」不料，這時堂哥卻拉住我，手裡還拿了一條他的褲子，說：「你這麼好的褲子，在地上這樣跪來跪去，馬上就破掉了，太可惜了。來！堂哥這條給你穿，你把它換下來。」當時我穿的褲子確實還滿新的，料子也不錯。

沒有多想，我就換了堂哥的褲子。喪禮中，跪跪拜拜，這條褲子不但弄得很髒，而且快磨爛了。但當時我心裡充滿了悲傷與自責之情，對這也沒什麼特別感受，還以為他就是拿了一條舊褲子給我穿。

喪禮結束後，我把褲子還給堂哥，就回台北了。

後來，有一次，我回家吃拜拜，遇到堂哥，杯觥交錯、酒酣耳熱之後，我忽然發現他身上穿的那條褲子有些面熟。我仔細一看，這不是上次他借我穿的舊褲子嗎！這時，我才知道，原來這條褲子是他出客時穿的褲子，也是他最好的一條褲子。而他卻借給我在喪禮上穿。當下，我不知道該說些什麼，只好拚命敬他酒。

那一天晚上，我們都喝多了，但我心裡很高興。我想，他也一樣。

◇兩罐美味的煉乳

因為家裡窮，工作又多，我在台中車籠埔當兵時，每逢禮拜天的會客時間，其他的兵都興奮的等著會客，而我幾乎都在營房裡睡覺，因為我知道，反正家裡不會有人來探望我。

和我同班的一個弟兄，家裡很有錢，幾乎每個禮拜家人都會來看他，並且帶很多好吃的東西，包括烤鴨等等。這個弟兄的膽子很小，特別怕鬼，卻偏偏愛聽鬼故事。我常常講鬼故事給他聽，嚇得他半死，但越怕卻越愛聽。

站衛兵的地點比較偏僻，他既怕黑又怕鬼，不敢去，於是叫我：「喂！你陪我站衛兵好不好？我把家裡拿來的烤鴨拿到那邊去吃。」為了吃好吃的東西，於是我常陪他站衛兵，順便野餐。

有一次，橫山鄉的鄉長和鄉公所的人要來車籠埔探視正在當兵的學生。嫂嫂接到鄉公所通知，詢問要不要順便帶東西給正在當兵的子弟？鄉公所可以幫忙轉交。

嫂嫂想，小叔當兵那麼久了，家裡窮，大家工作又忙，都沒人去看過我，也沒有準備什麼吃的東西給我。於是，她拿了兩罐煉乳，交給鄉公所的人帶給我。

那天是個驚喜的日子，因為鄉長居然來探望我，而且還帶了兩罐煉乳給我。

「煉乳好欸！」我的野餐弟兄也高興，說：「明天早上吃饅頭的時候可以沾饅頭吃，很好吃。」

「想得美！」我打消他的念頭，說：「我爸爸生病了，都沒有什麼東西可以吃；這麼好的東西，我怎麼可以自己吃掉？當然不可以。」我在石頭下找了一個隱蔽的地方，將煉乳藏了起來。

在我的心目中，嫂嫂託人帶來的這兩罐煉乳，簡直比野餐弟兄的烤鴨還更美味。遭人遺忘的感傷，也消融不見了。

當完兵後，我原封不動地將兩罐煉乳帶回家給爸爸吃。

結果，爸爸也很高興。

◇無可奈何坐霸王車

我承認，以前常占台灣鐵路局的便宜，坐過好幾次霸王車。第一次坐霸王車，也是我第一次搭火車，是為了前往台北，報考台北師範學校。後來幾年中，每逢寒暑假返鄉時，又陸陸續續坐過幾次。

我並不是想占鐵路局便宜，實在是因為太窮了，買不起從竹東到台北的火車票。第一次坐火車去台北，是和兩個同學一起。三個人相互打氣，不是為了要在考試時好好發揮，而是要減輕逃票坐霸王車的恐懼。我們從竹東上車，搭到新竹後，再轉搭北上往台北的火車。但是，我們買的票卻是從竹東到竹中，只有一站。

聽有「逃票」經驗的人說，火車上的查票員都是等火車開動後，從最後面一節車廂開始往前查。因此，「如果看到查票員快接近了，不要慌，冷靜的往前走，等火車到站停下來後，下車，走到後面已經查過票的車廂，再上車就好了。」

想到去台北考試的「龐大」花費，花五毛錢就可以坐到台北的想法十分誘人。我們依照「前輩」所傳授的要領，在竹中站下車，移轉陣地到後面已查過票的車廂，然後在新竹轉車時也如法泡製。靠著三個人的相互掩護，我們「安全」的抵達了台北車站。

對逃票的人來說，從把關森嚴的台北車站出站是一大考驗，好在我們事前早就打聽好了應對策略。到了台北車站，我們並不出站，反而到第四月台轉搭淡水線，然後坐到了圓山站下車。下車之後，我們也不出站，沿著鐵軌往回走一段，然後消失在平交道的人潮中。

第一次坐霸王車，我們一路上提心吊膽，精神緊繃，一有風吹草動就帶著大包小包的行李轉移陣地，精神和肉體都非常疲累。但逃票得逞，省下一大筆車票錢，又令我們十分興奮。

◇多走夜路碰到鬼

有了第一次成功經驗後，第二次、第三次……自然也都如法泡製了。靠著我的機警和小心，逃票一直都沒有被抓到過。

雖然心裡知道這是不對的事情，但我也不免暗自得意，自己逃票手法高明，省了「好大」一筆錢。

但這一次卻不一樣了。

在師範學校二年級時，我忽然收到電報，祖父病危，要我趕快回家。聽到此一噩耗，我又驚又悲，馬上請了假回家。

我用老方法，買了台北到萬華的車票上了車。火車才從台北車站開出沒多久，我就覺得自己好像被盯上了。

幸好，我心裡早有準備。到了萬華站後，我故技重施，趕緊下車，然後利用下車的人潮隱蔽我的行動，躲躲閃閃的走到了最後一節車廂，隨著急著上車的乘客一起擠上了火車。

「好險！差點就被抓到了！」我心裡想，還好我夠機靈，而且早就將趨避之道練習的滾瓜爛熟，才能逃過這次。不過，我實在不喜歡這種作法，但又無力改變。我只好安慰自己：「以後，只要我有能力，絕對不再幹這種偷偷摸摸的事。」

火車駛了好幾站，熟悉的站牌名稱：「鶯歌」「桃園」「中壢」……從眼前一一掠過，但因祖父的病情而正在胡思亂想的我，卻沒注意到身邊有一些不對勁。

忽然，一隻手拍在我的肩膀上，有人說：「查票。把你的票拿出來。」

◇火車上的兩個好人

「查票。請把票拿出來！」查票員原來平板的聲音多了一絲威嚴和不耐，我的手中緊緊揣著那張「台北—萬華」的車票，卻怎麼也遞不出去。

在這一刻之前，我一直都以為自己已經成功將他擺脫了。

「我老早就注意到你了。你從台北車站上車，現在已經到楊梅了。」查票員一面說話，一面拿出要補票的本子，「你要補票。到哪一站？」

一窮二白的我，身上連一塊錢都沒有，哪來的錢補票！

趕著要回家見祖父，匆匆忙忙離校，來不及向同學借錢，僅剩的一塊錢買了票後，只剩下五毛。看我都沒動靜，查票員和同車的人，看我始終發呆沒反應，看著我的眼光都已經不一樣了。

感受著別人像看小偷似的目光，我又羞又急又無計可施，內外煎熬，我哭了。

既羞愧又害怕，我放聲大哭。

我邊哭邊向查票員求情。我告訴他，我是要趕回家，去見我祖父最後一面。而我身上實在沒有錢，「嗚⋯我不是故意的⋯⋯嗚⋯⋯我真的沒有錢⋯⋯」一開始哭，害怕、恐懼、羞愧、擔心⋯⋯等種種情緒也隨著淚水傾洩而出。

我越哭越大聲。我可以感受到，其他乘客看向我的眼光又不同了。

查票員大概看我一個大男生哭得可憐，而且又是為了奔喪，反而轉而安慰我：「好啦！別哭了！這一次由我出錢替你補票好了。你以後不要再犯。」

沒有想到，這時，旁邊一名看起來很老實，像是鄉下人的中年男子忽然說話了。「這位同學好像不是有心要做壞事，也不是故意的。」他說：「這樣好了，補票的錢由我來出，不要由列車長出。」

聽到查票員和素不相識的人都那麼慷慨，我感動極了，哭得更傷心了。

◇萍水相逢的慷慨

「原來這世界有這麼多好人！」我心裡想，不但查票的列車長在抓到我逃票後，願意出錢替沒錢的我補票；就連萍水相逢的陌生人也那麼仁慈、慷慨，主動來替我賠錢。他們的善良和慷慨，令我大為感動。我想，「以後我也要做這樣的人，幫助需要幫助的人。」

當然，後來，我再也沒逃票了。而且，待我有能力後，我一直很配合台灣鐵路局的活動，一償以前的過錯。

因為，在我心目中，火車是溫暖的。而且，人間處處有好人。

你快樂，所以我快樂

快樂就是這麼容易的東西，Don't worry，be happy。

——〈快樂song〉的歌詞

小漢娜聽完這幾個故事，既沒笑也沒說話，只是靜靜地坐在那裡，不知道在想些什麼，小姑娘竟然一改平日的活潑可愛，有一種文靜、溫柔的氣質。

「漢娜，妳在想什麼？」

「阿公，我在想，」她的眼睛亮晶晶的，分外明亮，「這個世界上，總是好人要多一點。」

「妳怎麼知道？」

「因為這樣子，我們才能過得很快樂啊！」她理所當然地說。

「對啊！」一下子，我想通了，也跟她一起「快樂」起來。

◇她知足，所以她快樂

我有一個做食品生意的朋友，生意做得很大，旗下的食品集團承包了高速公路上幾個休息站的餐飲生意，專門提供客家美食。他整天忙得團團轉，比我還忙好幾倍。

有一次，我帶朋友到大山背故鄉，去見我一個外甥女。她很勤勞，除了在自家旁邊擺了一個大嬸婆良心攤之外，還包客家菜包賣給遊客，菜包裡包的是蘿蔔絲餡，再用柚子葉墊底，嚐起來別有風味。

那天去拜訪外甥女，我事前並未通知她，怕她事先張羅費事。直到接近大山背時，我才通知她，當時她正在忙著做菜包，馬上放下手邊的工作，來迎接我們。她很高興的告訴我，她做的菜包很受遊客歡迎，一個早上就賣了兩大籠，一籠有三十個左右。

講到這裡，她高興的不得了，並且拿了菜包請我們吃，我們也覺得味道很好。外甥女談到她的小生意，興高采烈，笑聲不斷。

回程的路上，我問朋友：「今天你賣出去多少個（菜包）？」

「將近一萬個。」這些菜包都是在中央廚房集中準備，然後分送到各休息站去。

「你賣了快一萬個，」我說：「大概是她生意的一百五十多倍，怎麼你都沒有像她這麼高興？」

「人家說知足常樂，」他也很感慨地說：「所以她賣六十個菜包，才會比我賣一萬個還高興得多。」

◇他看得開，所以他好命

我認為，這一生中，我若有一些可取之處，就是「認真」。

我工作一向很賣力，甚至以「賣命」來形容亦不為過。該做的事情、答應給人的稿子、約好的工作……在沒有完成以前，我都會拚命去做，一定要把事情完成，好像有人在催著我似地，其實並沒有。

因此，我在做事時的壓力很大，甚至會影響到周遭的人。其實，如果我放鬆一點也沒關係，畢竟大家多少都會體諒一下老人家。可是，我的腦筋就是轉不過來，沒辦法放鬆，整天都很緊張。

有一次中午，我從北投搭計程車回淡水的家。路上和司機聊天，司機告訴我，跑完這一趟就休息了。接下來，他要到淡水港去釣魚。

我看看時間，還不到一點鐘。「好命哦！」我說，「下午就不工作了。」

司機笑了。他向我解釋：「今天早上我已經工作了，賺夠吃飯的錢就好了，要那麼多錢有什麼用，我要快快樂樂去釣魚一下午。」我很羨慕他，因為我急急忙忙趕回家，就是為了回家去工作。

回到家，我把這件事告訴太太。「照我的經濟條件，不會輸給計程車司機吧！」我很苦惱地說：「怎麼他就是看得開，而我就看不開呢？」

太太很了解我，沒有多勸說，只是一針見血地說出結論：「你就是看不開，才會苦命！」

和太太談到這裡，我忽然想起以前曾碰到的另一個計程車司機。

◇他滿足，所以他快樂

那一次，我從外地很遠的地方叫了一輛計程車回家。在交談中，我覺得那司機的口音有一點怪怪的，語調有一點熟悉，於是我就試著開口說了句：「那奴乙休！」這是原住民中的泰雅族和人打招呼的問候語。因為大山背的山上有很多原住民，我從小和他們接觸，也學了一些簡單的泰雅族話。

「啊！你也是泰雅族嗎？」司機很高興，還以為遇見了同族的耆老。「不是！我是客家人，是泰雅族隔壁的。」一下子，我們就產生了一種親近的感覺，彷彿是老朋友似地聊了起來。兩個人一路上一直聊，聊的很高興。

原來，他是從新竹縣五峰鄉一個叫「十八兒」的地方出來的。那個地方因一個婦人生了十八個兒子而得名，恰好我以前也去過，山明水秀，風景十分漂亮。他告訴我，他黥面的祖母還住在那裡。

聊著聊著，我問起他們的謀生方式，「還打獵、種稻嗎？」「有什麼變化嗎？」「交通是否方便？」他說，公共汽車第一次通車到他家附近時，確實有了一些改變，「我們可以坐公車到竹東吃一碗粄條。吃完粄條，再坐公車回去。」他說：「這樣我們就覺得很滿足了。」

「這樣就可以滿足嗎？」我忍不住再問一次。他笑著點點頭。

接著，他又說起後來他們去山裡種香菇，然後拿去竹東賣，賣的錢就拿來吃粄條、喝酒，吃完再回去。「那如果吃完後，錢還有剩下來呢？」「對啊！有時候，香菇比較多，賣了比較多的錢，一下子也用不完。」講到這裡，他又忍不住笑了起來，說：「如果還有剩下錢，我們就住在竹東，然後一直吃，吃到沒錢再回家。」

聽他這麼講，我覺得他好快樂，無憂無慮，有錢就花，花完了就回家，不用去想要結餘下來，或者是為了將來打算，「這種人生多快樂啊！」

聽到這兩個司機的一番話後，我也有一點改變了，不要給自己太大壓力、太勞累，像他們一樣，能夠今天活得快樂就好啦！幹嘛想那麼多！

◇我們分享，所以我們快樂

很多事情的改變常常是從小地方開始，就像「快樂」這件事，往往只是觀念上一個小小的轉變，慢慢就會累積成巨大的成果。

而且，我還發現，「快樂」的延展性很高，拿出來和人分享，不但不會變薄、減少，反而會聚集更多的快樂能量。

當然，如果你自己拒絕和別人分享的話，誰也拿你沒辦法。

我住在美國時，有一次，游泳池漏水，於是請了一個包商來修。工人來修的那一天，我在房裡聽到很多人在唱歌，於是就跑出去看。原來是做工的墨西哥工人，一面工作，一面隨著音樂又唱又跳，在韻律中工作，一副好高興、好快樂的樣子。讓我都想加入他們。

就在我自得其樂的時候，音樂忽然停了，快樂的氣氛一下凝結住了。我抬頭看，原來是白人包商板著臉孔，手插著腰，正站在游泳池邊上，一臉不高興的樣子。

我搖搖頭，離開了已經變得不快樂的現場。

還有一次，我和家人到關島度假。在旅遊的途中，我們經過一處偏僻的地方，看到有一群本地人在那裡烤肉、烤魚、喝飲料、唱歌，大家都興高采烈的樣子。經過隨行朋友的解釋，才知道這些人是關島的原住民。

本地人很好客，看到我們一群遊客，過來請我們一起加入他們。在我想來，他們大概是抓到大魚，或是什麼特殊的食材，才會看起來大家吃得這麼香、那麼快樂，而且很熱切的想要和陌生人分享。

我對吃一向興趣濃厚，於是靠過去看，才發現他們的食物都是從市場買來的食物，看起來和我們沒什麼兩樣。但是，因為對方的熱情，我們也加入他們，玩得很高興，感覺上即使是超市買回來的食物也比印象中好吃多了。

回到旅館之後，我在想，這些本地人並不是因為特殊的原因或慶祝活動邀請我們同樂，可見他們有好客的習慣，看到人就這麼快樂，而且願意和別人分享他們的食物。

「如果換成是我們，」我不禁自問：「沒有足以炫耀、引以為傲的東西，自己也會願意這麼熱心、快樂的邀請別人來分享嗎？」我的答案是否定的。

我想，我能從他們身上學到的，就是：享受不一定是要自己享受，與人家分享是很快樂的一件事。所以，他們才會這麼熱心，將快樂和別人分享。

因為，這樣他們才會更快樂。

Part.

2

我希望孩子自己領悟的事

一個從小就「四體不勤、五穀不分」的人，

就算再會念書，長大了，不管他從事何種行業，

對社會都不會有什麼貢獻。

我不愛說教

嘴說千遍，不如手做一輪——光說無用，動手做才會有效果。

——客家諺語

我的運氣很好，幾個孩子都沒讓我操什麼心，而且都有不錯的成績，常常有人來問我：「你是怎麼教孩子的？」對於這些疑問，我的答案都是：「孩子都是太太在教，我都沒怎麼在教。」

太太畢業於台北女師專，是極優秀的國小老師，很注重孩子的學業和品行。以前我忙著賺錢、養家、打天下，太太幾乎一肩擔起了教養孩子的重任，陪他們讀書、做功課，以及注意他們的需要及發展。我很感謝她。

但我覺得，我也不是沒有貢獻。

一直以來，我注重的是讓孩子自由發展，唯有如此，他們才能發展創意。

因此，我幾乎從來不向孩子們說教，我也最討厭照本宣科。

我採取的生活教育，就是讓他們從日常生活中學習。

◇了解孩子的想法

首先，我們會先去了解孩子們在想什麼？

太太每天下班回來後，就會督促孩子們去做功課。晚上吃完飯後，太太一定會看他們的功課。太太十分重視錯別字，她認為把字寫對、寫清楚，是最基礎，但也是最重要的事。

指導完功課之後，我會拿出茶、飲料和點心，把全家人聚在一起聊天。趁這段時間，我會了解一下小孩在學校的學習情形，「來！今天學校裡有什麼好玩的事情，說給爸爸聽！」

雖然太太和小孩都在同一間學校，但太太早就告訴孩子：「白天在學校，你們是老師的孩子，而我是學生的媽媽，所以不要來找我。」孩子們都很聽話，即使和媽媽在同一校園，有問題也都靠自己解決；實在無法解決，才去找老師幫忙。

在輕鬆且不受限制的氣氛下，孩子會願意將他們的困擾或無法自行解決的問題說出來。但我們並不急著給他一個答案，而是讓大家都來參與，盡量多問一些問題，協助當事者澄清問題的本質及意義，並且鼓勵他們發揮想像力，以創意的方法來解決問題。

因此，孩子們都知道，他們無法從我這裡得到一個標準答案，但可以讓一個問題引發一連串問題，例如「這件事你會怎麼想的？」「如果你是他，你會用什麼方法？」「這麼做，會滿足你的需要嗎？」等等，並從而找到解決的辦法。

久而久之，他們知道，如果有事需要父母的「幫忙」，第一是要把事情講清楚，說到重點。第二是不能靠別人給答案，答案或解決之道必須自己找。

這樣的溝通，可以訓練小孩子的口才、組織能力，以及解決問題的能力。畢竟，如果從小就能口齒清晰、條理分明的把事情講清楚，並且還有足夠的能力來釐清問題，想出解決之道或應付的方法，不管將來從事哪一行，都會很有幫助。

當然，藉此了解孩子們在學校上課的情況，並增進家庭的內聚力，都是必然會有的收穫。

◇放手讓他們去做

除了腦力的訓練外，我更鼓勵孩子們動手去做很多事情。因為我認為，這樣他們可以學得更多。

我自己就是這樣長大的，很少有人「教」我如何去做事，大都是我在動手做事時，碰到了問題，自己動腦筋和動手去解決。我認為，一個從小就「四體不勤、五穀不分」的人，就算再會念書，長大了，不管他從事何種行業，對於社會都不會有什麼貢獻。

因此，只要是不危險的事情，我都會放手讓他們去做，因為我們不能剝奪孩子學習的機會。

「做家事」就是最好的例子。和許多只要求孩子念書，其他事情全都由父母一手包辦不同，我們十分鼓勵孩子們做家事。在以前，過年、過節的大掃除工作，幾乎都是以他們為清潔的主力。不過以前房子的廚房小，我不讓他們用火，免得危險。

放手的結果，就是他們很有創意。像他們發現雞心炒起來雖然好吃，但處理起來很麻煩，尤其用刀子在切雞心時，常常容易滑掉，於是發明了用剪刀來處理，既快又好用，而且比較安全。他們還發明了將皺紋紙黏在筷子上，充當彩帶舞的彩帶來自娛娛人。

◇學習大自然的知識

到了假日，我不帶小孩去名勝古蹟人多的地方湊熱鬧，而是帶他們去野外走走，或是去爬山。我最討厭現在一些人帶了一大堆食物、零食到郊外，大吃一頓後拍拍屁股回家的「郊遊」方式。因為，這除了換個地方吃飯外，毫無意義。

我還是喜歡採取在日治時代的遠足方式，吃喝其次，鍛鍊身體及學習環境中的知識才是重點。畢竟，多一些植物知識，萬一碰上災難，至少多一些保命的知識。

一路上，我會教小孩子認識路邊的植物，一面教他們如何辨別「這是××植物，它的特徵是……」，一面述說植物的特點，「這個葉（莖、根、果實）可以吃！」「這個種子會飛。」……

小孩子的想像力很豐富，有時會問一些奇怪、有趣的問題，例如：「爸爸，這有沒有毒？」為了讓他們留下深刻的印象，我會摘下植物，放進嘴巴，嚼一嚼，「爸爸嚐一嚐，如果沒有被毒死，就表示沒有毒。」小孩子又敬佩又緊張的看著我，「爸爸怎麼這麼膽大？」其實我當然知道這植物有沒有毒。

我嚼一嚼後，還分給小孩子，讓他們也嚐一嚐味道，「放心！爸爸沒有死，你們也不會被毒死。」

因為，光和小孩子講，他們的記憶不夠深刻，這樣一面示範一面教學，印象就深刻了。而且，我在回程時還會「考試」，將沿途教過的植物再看一次，再嚐一次味道，再回憶一下名字和特性。這樣他們就不會忘記了。

為需要而學習，總是比較容易記得住。但有時，動個腦筋，即使是刻板的學習也可以變得趣味盎然。

◇以身作則的教育

我很注重「以身作則」，要求自己的所做所為，要做得直、行得正，無愧國家、社會、家人和自己。畢竟，自己都做不到或不願去做的事，又如何能要求孩子？

我從未忘記祖父的告誡：「寧願餓死，也不能做缺德的事」。因此，我畫的漫畫，從來不走羶色腥的路線，即使它賺錢更容易。我畫的漫畫中，從來沒有絕對的壞人，即使是像大嬸婆偶爾愛貪些小便宜，但基本上，她都是以善為出發點，只是有時會「擇善固執」罷了。

我一向主張，如果沒有良心、道德，就不要畫漫畫。因為漫畫的影響太大了，小孩子看漫畫，會深印在心裡，若從小就被漫畫灌輸黃色的、暴力的、打鬥與仇恨，將來孩子長大了，還會是正常人嗎？

漫畫家一定要有道德，良心要拿出來，漫畫作品賺多少錢不重要，重要的是人們看了你的漫畫後，總要得到正面的效益，這樣才配當漫畫家。

而且，教了二十三年的國小，我認為，漫畫最應該發揮「課本」的功能，除了娛樂之外，還要傳遞常識與知識，尤其是科學知識，其他如傳承固有道德、文化、理念……等，也統統可以放在漫畫裡面。如此，看漫畫可以得到知識和觀念，就不會白白浪費時間了。

後來我不忿畫審查制度，於是將重心轉向發明。我的發明很多，但我也有一個原則：會妨礙社會安寧、妨礙兒童心理，還有會造成殺生的東西，我都不發明。

約在三十幾年前，我曾經發明了一個語音變音器，和後來電影中常見的一樣，只要按鈕一按，講話聲音就可以產生變化，即使熟人也無法辨識。我並且還申請了專利，只是後來又把此專利撤銷了，因為這東西如果製造出來，很容易被壞人拿去利用，進行犯罪，反而會造成社會不安。

這種有不良影響的專利，我寧可不要，即使這會造成我的經濟損失。

這些事情，孩子們又不笨，甚至還很聰明，當然都看在眼裡。

興趣是最好的老師

子曰：知之者不如好之者，好之者不如樂之者。

——《論語・雍也第六》

我一向崇尚「自由」，因為從事創作的人，不能受拘束，一受束縛，創造力就不見了。

這個「不受拘束」的特點，小時候就顯現出來了。內容枯燥的課本及呆板、制式的教育方式，從來無法滿足我。於是，我常在課堂上問一些希奇古怪的問題，有耐心的好老師如放牛校長，會和我一起好好研究一番。當然，大部分的老師，都把我當成了搗蛋鬼。

但是，我並不氣餒。每次上課，老師問問題，我一定第一個舉手：「老師，我來講。」等我講完了，老師再問問題，徵求其他自願回答問題的學生，但往往是無人回應，於是我會再舉手，再大講特講……

愛出風頭，是我的另一個興趣。

◇不會說謊的小孩沒有創造力

迪士尼樂園的創辦人華德．迪士尼曾說過一句話：「不會說謊的小孩子，是沒有創造力的小孩。」我覺得很有道理。

我一直認為，小孩子偶爾撒點無傷大雅的小謊，只要合理，都可以接受。

在我看來，不管是畫漫畫、講故事、創作，甚至平常的演講或聯考的作文等，都可以算是「說小謊」的一種。因為要把故事說得更好聽、更動人、更吸引人，難道不需要用一點想像力來加油添醋，多一點渲染的色彩和有滋有味的情節嗎？

當我把這套「理論」灌輸給孩子們聽時，他們也能接受。當然，我沒用「說謊」來勸服他們接受，而是代之以「不會說故事的小孩，是沒有創造力的小孩」，他們接受了。

光是這個例子，就可以看出「說些無傷大雅的小謊」之必要。

為了要把謊（故事）說好，我會要求他們把故事的每一個細節都說得清清楚楚，盡量詳細、正確，例如說到動物，我就會問：「那牠長得什麼樣子？有幾隻腳？吃什麼東西……」等等細節。這對訓練小孩子注意細節及正確描述事情的能力，幫助很大。

我用這種方式來訓練他們發揮想像力之後，他們也都能把故事講得吸引人。因此，三個女兒小的時候，每次參加演講、朗誦，或繪畫、作文比賽時，都能有相當好的成績。威琪六歲時，以「寄讀生」的身分代表小學去參加台北市主辦的演講比賽，負責推薦的老師的評語是：「這是老蓋仙訓練出來的小蓋仙，一定沒問題。」而老大蘭地在小學一年級時參加朗讀比賽，評審老師一看到她，就說：「劉蘭地不用比了，來做示範就好。」

看起來，我的策略還滿成功的。

◇每個小孩都不一樣

在孩子小時候，我從來不以自己的想法去約束他們，告訴他們該怎麼做，只是鼓勵他們發展自己的興趣，讓他們自己去選擇。

從自己的切身經驗中，我始終相信，每個人天生就不一樣，因此，對每個小孩的教育方法也應該不同。

偶然的機會裡，我發覺三個女兒的個性大不相同。

太太以前教書、家務兩頭忙，於是每晚替女兒洗澡時，都是一次解決，將三個小女生放在一個大澡盆裡一起洗。她一面替女兒洗澡，一面詢問她們白天的活動、學習的情形等。

那幾天，二女兒香彬正在練習幼稚園畢業生致答詞的內容。香彬和我一樣，喜歡畫畫，不喜歡背誦的東西，但那次幼稚園老師答應她，如果她去代表畢業生致答辭，老師就會獎賞她最喜歡的巧克力。

看在巧克力的份上，香彬就高興地答應了。

於是，媽媽一面替她們洗澡，一面一句一句教：「我幾歲進幼稚園，阿嬤帶我去的，那時什麼都不會……後來在老師的教導下，我學會了寫字、唱歌……」香彬一句句照著學，照著背。

眼見幼稚園畢業典禮將屆，但香彬幾天下來都還沒把演講稿背熟，一向有耐心的太太都有點生氣了。這時，小女兒威琪卻開口安慰媽媽：「媽媽，妳不用生氣，不然我去替她背好了。」

「妳會背嗎？」媽媽不太相信，小威琪比二姊還要小一歲。

「會啊！」威琪理所當然地回答，然後劈里啪啦就把全篇演講稿背出來了。

替女兒洗完澡，太太馬上來告訴我這件事。我覺得很好奇，就把小威琪叫來，問她：「妳是怎麼把姊姊的演講全都背起來的？」

「很簡單啊！」小威琪理所當然的回答：「反正就是開始什麼都不會，然後幼稚園教了以後，什麼都會了。」

這個孩子的邏輯觀念很好，什麼都沒教她，自己就能抓出事情的脈絡，而且記憶力一流。我心裡想，「唔！這孩子將來可以走法律的路。」

◇人人都有長短處

威琪雖然邏輯和記憶力奇佳，但畫圖卻非其專長，每次幼稚園要畫圖時，小威琪總是愁眉苦臉。

有一次，幼稚園老師和我說，「你們家老二畫圖實在厲害，能夠左右手開弓。」我覺得很奇怪，小孩子畫圖不好好畫，為何要左右開弓？於是就找了香彬來問。

一問才知道，兩姊妹一起上幼稚園，香彬看到威琪為了畫畫傷腦筋，於是很豪爽的做出了承諾：「妹妹，沒關係！我用左手畫一張比較差的給妳，再用右手畫一張給自己。」當然右手畫的是比較好的一張。

這就是老師看到香彬左右開弓畫畫的幕後真相。

三個女兒各有所長，而兩個妹妹對大姊最佩服的，就是她的膽子很大。

有一次，蘭地生病，我們買了漢藥，燉煮好後拿給她吃。蘭地毫不猶豫地就把藥汁喝乾不說，還把藥渣中的四腳蛇（守宮）干撿出來，拿在手上又吸又吮又咬又啃，把兩個妹妹嚇壞了。尤其是威琪。

威琪本來膽子就小，從小最怕老鼠、蛇、蟲類的東西，她不但因此把自己課本上所有的老鼠插圖都剪掉，甚至連兩個姊姊的課本也一併如法泡製。看到姐姐大啖乾四腳蛇的樣子，嚇得都快昏倒了，一直叫：「好恐怖！好恐怖！」

但蘭地卻對妹妹的大驚小怪毫不在意，說：「這有什麼好恐怖的！這是藥，藥是用來治病的；如果治療的藥湯可以喝，肉當然也能吃了！」展現了個性中強大的冷靜、理性特質。

有一次，媽媽在家時，不小心割傷了，流了很多血，威琪嚇得快哭了，但蘭地卻不慌不忙地拿了急救用的紗布、藥水等，說：「媽媽，我來幫你包紮。」

然後她迅速而有條不紊地替媽媽清洗、消毒、上藥、包紮，嘴裡一邊還安慰著媽媽和妹妹：「這沒什麼，過幾天就會好了。」

待我回家，聽太太講到這件事，再想起上次她吃漢藥的情形，我就想：「老大是個當醫生的料子。」

◇適性才有發展

我始終認為，興趣才是最好的老師，是學習及工作的最主要動力。因為如果和自己個性不合，當然無法產生興趣，無法火力全開，發揮最大的潛能。這樣一定就不會有所成就。

道理很簡單：如果你不喜歡一件事，你如何對它全力以赴，發揮你最大的想像力和創造力？又如何讓自己最寶貴的創造力得到最大的發展？

社會上一個很普遍的現象，就是大家常常在抱怨自己的工作。我從來不抱怨自己的工作，因為我很喜愛自己在做的事情；當我在畫畫或發明時，人家看我是在工作，但其實我是在玩，就像小孩子在玩他們心愛的玩具一樣。

我很難想像，如果你討厭某件事情，但為了謀生，卻不得不做，甚至以此為業的事情。我想，每天都要面對自己所不喜歡的事情，應該是一件很難過的事吧？

既然註定不會快樂，更不容易有所成就，又何必勉強孩子去走他們不喜歡的路。因此，我從來都不限制他們，放手任他們自行發展。

小女兒威琪從小就展現了超強的邏輯及記憶的能力。我雖然覺得她很適合去學法律，但從來沒有勉強她朝這條路走。她高中時組過樂團，參加過儀隊，我都不阻止她，放手讓她去嘗試。

我知道，如果不放手讓她去試，以後她可能會後悔，我也可能會後悔。到最後，她自己評估，因為要花太多時間練習，耽誤讀書，而且興趣也不濃，於是主動放棄了。

高中畢業時，當時最熱門的科系是國貿系，但她就是堅持要進法律系就讀。果然興趣是最好的學習催化劑。威琪大學一畢業就通過了律師、法官及公證人考試。在她考慮該走哪條路時，我勸她：「妳當什麼都好，但千萬不要當檢察官，檢察官常常要去驗屍，妳大概會嚇死。」

她想想有道理，就去當了法院公證人。因為太年輕，常常被前來法院公證結婚的民眾當做小妹使喚，交代她做這做那，「小妹，妳幫我拿一下衣服（花、文件⋯⋯）」她也都不作聲照做。一直等到萬事俱備，大家在找法官時，她才問一聲：「你們都準備好了嗎？」「好了！」「那我去換衣服了！」過了兩分鐘，穿著法袍的她才在眾人的驚訝眼光中現身。

後來，她辭了法院的工作去當律師，又被律師事務所保送到哈佛讀法律，以後也一直都是從事法律的工作。

幼稚園就會左右開弓畫畫的香彬果然有兩把刷子，後來去美國讀書，主修商業設計，最後就成了整天以畫圖為工作的商業設計師，玩得也很高興。

而從小就敢吃四腳蛇的老大，從清華大學化工系畢業後，覺得自己還是喜歡當醫生，於是到美國學醫，並且以第一名從佛羅里達大學醫學院畢業，後來選擇到加州舊金山執業，並且成為加州大學舊金山醫學院副教授。

每個人都在做自己喜歡的事，這真是一件幸運的事。

◇一件幸運的事

我因此想到自己。

初中畢業時，除了投考台北師範學校外，我也曾因為羨慕台灣鐵路列車長穿著制服很神氣，而去投考鐵路局辦的學校。結果因為我不是工業學校畢業，所以拒絕我報名投考。

對我來說，這反而是一件幸運的事。

我不敢想像，雖然我喜歡那套制服，如果真的進了鐵路局工作，每天在那裡賣票、驗票、收票……過著其實與自己個性不合的生活，一定很痛苦。

想想，我真夠幸運，走到了我真正喜愛的畫畫路上。

兒子的學習大作戰

生命自有出路。

——電影《侏儸紀公園》

「需要為學習之母」，這句話放在我兒子身上最合適不過了。

我的四個小孩中，兒子海岳是最小的孩子，和三個姊姊的年齡有一段差距。男孩子比較調皮，而且好玩，對學業的興趣不大。那時我已經專業從事發明，不像以前在畫漫畫時那麼忙碌，因此比較有時間來關心小孩子的教育。

記得有一次，我經過客廳，看到讀小學的兒子正在埋頭寫功課，從他的姿勢，好像寫得很認真、很用力的樣子，我一時好奇，忍不住探頭去看他在寫什麼？

一眼看過去，兒子的字寫得很「粗獷」，每個字中間的筆畫都分得開開的，好像要各自四散逃開一樣。看了一下，我問他：「這是什麼字？你知道它的意思嗎？」

兒子很快地回頭，看著我，臉上流露出一種「我當然知道」的表情。然後又轉回頭，繼續去寫他的功課，沒理我。
「那你唸唸看。」雖然兒子懶得理我，可是我還是很好奇。
海岳停下筆，看著他寫的字，說：「這是……王……八。」
我聽完了哈哈大笑，明明是「主人」兩個字，卻被它寫得面目全非，連自己都不認識了。

◇另一種身教

除了以身作則的「身教」外，我有時也會採用另一種「身教」，就是讓孩子自己的身體來「矯正」他們的不良習慣。
我認為，人的身體本就是以生存為目的而設計出來，如果正常運作，自然身體健康，很多的毛病是人類自己驕縱的不良習慣而造成，如果放任不管，只是會每下愈況，越來越糟。
因此，我可以對海岳不用心寫字一笑置之，但對他讓大人頭痛的挑食毛病就無法坐視了。
有一天，坐在飯桌上，看到兒子這不肯吃，那不想吃的樣子，讓我想起小時候常常肚子餓卻吃不飽的情形，實有天壤之別。那時候，肚子能吃得飽就是無比的幸福，哪裡還能挑三撿四。

於是，我二話不說，牽起他的手，上車，然後就開車出去。

車子繞來繞去，最後往烏來開，但這次不是帶他去郊遊、野餐。一路下來好幾個小時，中飯本來就沒吃什麼，肚子餓得難過的兒子開始在座位上扭來扭去，並且抱怨：「爸爸，我肚子餓。」我只回了句：「知道肚子會餓，剛才怎麼不好好吃飯。」然後就不理他了。

小孩子的耐力有限，沒過多久，兒子就因為肚子餓而哭了。這時我停好車，帶他到一家飯館坐下，叫了一些菜，其中當然有很多他平常不喜歡吃，但對身體健康有好處的蔬菜。我並且要求他：「爸爸吃什麼，你也吃什麼。」他看著我，有氣無力地點了點頭。

一頓狼吞虎嚥之後，我問兒子：「好吃嗎？」他用力點頭，說：「好吃！」我笑了，告訴他我的經驗：「只要肚子餓了，什麼都好吃！」

從此他改掉了偏食的毛病。

◇注音符號大作戰

我一向最反對的就是不用腦筋，只靠呆板死記的教育方式，我覺得那對小孩子的創意和智力沒有一點幫助。例如，注音符號。

一直以來，包括我自己在內，都是要靠死記硬背的方式來學習注音符號，尤其是像我這樣在日治時代長大的一代，小時候學的是日語，平常講的是客家話，從來沒聽過「國語」。台灣光復後，我們才開始學注音符號，過程既枯燥又痛苦；而靠著自己都講不清楚的老師教導和死記硬背，水準可想而知。

因此，後來我在發展「手形創意畫」後，也將ㄅㄆㄇㄈ等注音符號，以一種創意漫畫的形式來幫助兒童記住這些枯燥的注音符號。

我一向主張凡事都要動腦筋。因此當兒子在學注音符號遇到挫折時，為了幫助他確實掌握注音符號，我還自創了一套「生存遊戲注音符號教學法」。

什麼是生存遊戲教學法？很簡單，學會了注音符號，你才能生存下去。當然，這種教學法是以一種遊戲的方式來進行。

這一天，我開車帶海岳到了烏來（我真的很喜歡烏來！）。把車子停好了之後，我告訴兒子：「你先站在這裡不要動，待會兒爸爸會在石頭上寫注音符號，然後你照著注音符號的指示，就可以找到爸爸了。」

「就像尋寶遊戲一樣嗎？」兒子眼睛發亮，一下子興趣就被提起來了。

「對！」我回答。兒子充滿了期待。

我拿出早就準備好的粉筆，往遠處走，好布置「教室」。

我一面快速而安靜地在樹幹、岩石……上布置「教具」，一面從遠處觀察兒子。果然遊戲能夠激發小孩子的興趣和潛力。而且我家的小孩在我長期的「訓練」之下，都養成了「泰山崩於前而色不變」的氣度。一般七歲的小孩被丟在陌生的停車場，可能早就放聲大哭了，但兒子卻不慌不忙，四處走動，東張西望，開始來找我了。

沒多久，他就看到一塊大石頭上我用粉筆所畫的一個箭頭和一行注音符號，他用手一個符號一個符號地唸：「爸爸在斜對面的大樹下。」他依指示到了大樹下，沒看到爸爸，卻看到樹幹上有另一行注音符號：「爸爸現在改在前面五十公尺對面的大石頭後面」……一天的遊戲玩下來，兒子的注音符號進步飛快，很快就學得差不多了。

◇人有無窮的潛力

這套學習法被我戲稱為「生存遊戲」，因為有了上次餓肚子的經驗後，他知道，要找到爸爸，才不會一個人流落烏來或餓肚子，所以他潛力全開，學得很快。

後來他到美國讀書時，我一樣採取了「不強迫，但學不好就沒飯吃」的生存遊戲學習方式。

他再一次證明：人有無窮的潛力。

當他要正式進入美國佛羅里達州的大學就讀前，英語還不是很靈光，要先上語文學校就讀。於是，我在他的學校附近，買了一棟房子，然後告訴他：「這棟房子，你可以自己住，也可以做任何處理。」兒子聽了很高興，一棟大房子自己一個人住，這是多麼愉快的事。

不過，我很快就揭露了嚴酷的現實：「我只會接濟你到一個程度，然後你就得自己想辦法將這棟房子租出去。」我停了停，故意不去看兒子驚訝的眼神，「你要自己想辦法，我不會幫你的忙，以後也不會給你錢。收來的租金，以後就是你的學費及生活費、零用錢，全部都在這裡面。」

「經驗」豐富的兒子一聽，就知道我是認真的，不是開玩笑。攸關生存，馬上讓海岳迸發了無窮的潛力。他不僅發奮學習英文，並惡補有關房屋出租的知識，還自己登廣告，和房客面談等事宜。

後來，他很快就找到了租房子的客戶，順利將房子租了出去。

◇腦筋靈活變通的訓練

我很幸運，幾個孩子都相當守規矩，不會搞出什麼事讓我們擔心。不過，海岳偶爾會有些小狀況，讓我多了一些處理的經驗，而我也會盡量視情況讓它變成一次訓練頭腦的機會。

一般來說，我很少罰孩子，但「玩火」卻是禁忌。有一次，海岳因為玩火而被我處罰。為了讓他牢記教訓，我罰他在我房間裡罰跪。

過了一下，我進房間拿東西，順便觀察他的情況。看到兒子百無聊賴地跪在地上，我有點心疼，但還是故意板起臉，對他說：「你怎麼那麼笨，地上那麼硬，又那麼冷，你怎麼不跪到床上去？」兒子聽了，就很高興的移到床上去跪了。

又過了一會兒，我又藉故進房間去看兒子。他果然好好的跪在床上，只是天氣熱，額上、臉上都是密密麻麻的汗珠，而他也不知道要把汗擦一擦。

「你怎麼那麼笨！」我又痛心疾首的「教訓」他：「房間那麼熱，怎麼不會開電風扇！」聽了我的「斥責」之後，海岳很開心的跑去將電風扇打開，房間裡很快就涼了下來。

如此一來，我想兒子一定學到了教訓：在不違反大原則之下，要動腦筋，靈活運用可以運用的空間來解決問題。

海岳很喜歡小動物，從小養魚、養鳥，到中學時，還想要養狗，但我沒有答應，因為我知道，狗是很熱情的動物，需要主人的全心全意照顧。但他不放棄，死纏活纏，沒辦法，我最後和他約法三章：「如果你要養狗，你要自己照顧，不能要求爸媽或姊姊來幫忙照顧。」他一口答應，果然照顧的很好，一手包辦了餵狗、遛狗、替狗洗澡等事。

有一次，他要和朋友一起出去旅行幾天。他跑來找我，想要拜託我替他照顧狗。「爸爸，這兩天可不可以幫我餵狗？」我馬上就拒絕了。

我告訴他：「爸爸以前不是告訴過你，既然堅持要養狗，就要把狗照顧好。如果你想不到如何照顧狗，那就只好放棄旅行。」

兒子知道我平常雖然很好講話，但對「允諾」很重視，說話言出必行，於是打消了請我或我太太照顧的念頭，自己另外想辦法。

他苦思了幾天，在紙上塗塗畫畫後，發明了一個可以自動餵食寵物的機器，取名為「自動餵養機」。這機器可以放幾天的狗糧進去，每天到了時間，狗糧就會自動掉落下來，這才高高興興地和同學一同出去旅行去了。

看到他在困局時所展現出來的潛力，說老實話，我覺得很驕傲。

爸爸愛開玩笑

讓人家笑一笑，又不會有什麼損失！

——大嬸婆的口頭禪

有人說我愛耍寶、愛開玩笑，我從來不否認，因為那就是我。

我愛逗人笑，一直都是這樣；看到別人被我逗笑了，我自己也高興得不得了。

我以前常到圓山大飯店後山去運動。有一次，經過圓山飯店前面，剛好幾十個日本客人排在圓山飯店前面要合照。一個負責攝影的人在那裡指揮，希望他們能擺出笑臉。

當我看這些人還是一臉嚴肅時，玩心一發，決定來替他們製造一些「笑」果。

剛好我手上拿著一支手杖，遠遠看來像一把木劍。因此，當照相的人看到我拿了木劍，跑到攝影師的後面，作勢要打他時，幾乎全部的人都露出驚訝或恐懼的樣子，有人甚至抬起手，想要發出警告。這時攝影師猶茫然不知，還在那裡指揮。

這時，我忽然向他們做了一個鬼臉。大家先是一愣，然後哄堂大笑。

攝影師覺得很奇怪，怎麼大家的表情一下子驚恐，忽然又大笑呢？回頭一看，原來是我在他背後搗蛋。我趕快放下手杖，拍拍他的肩膀，故意做出不好意思的樣子。大家又是一陣大笑。

氣氛一下變得很輕鬆。照完相後，大家都跑來和我握手。

◇兒女也不放過

我在外面愛開玩笑，回到家裡當然也不能例外。

我有三女一兒，在我的主張下，三個女兒的名字分別是：蘭地、香彬、威琪，既好聽又好記，因為大家一聽就知道，這是依照「白蘭地、香檳、威士忌」來命名的。於是，大家往往聽一遍就記住了，而且印象深刻。

很多人誤以為這是因為我嗜酒，才會替女兒取這種名字，其實我根本不喜歡喝酒，純粹只是好玩。

本來我還要把兒子叫做劉五皮（當然是押「五加皮」的酒名），只是還沒報戶口，就發覺兒子確實很皮，只好打消念頭，取了個「海岳」的名字。

不知道是運氣好，還是太太很會教，或是我把家裡搞笑的「配額」用完了。我的四個小孩從小就很守規矩、很懂事，很少讓我操心。

事實上，反而是我讓他們擔心的機會還比較多。

小時候，有人從美國帶回來一個登月小艇造型的玩具，送給威琪。這個玩具做得既精巧又漂亮，不但造型完全依照登月小艇的比例縮小，而且只要一開開關，它就會自動運作，自動打開艙門，露出太空人和登月車等。

威琪很喜歡這個玩具，不輕易給人玩，偏偏我對於這個玩具很好奇，很想研究一下它內部的機械是如何運作的，於是好說歹說，死皮賴臉地說服了她，讓她同意借我「玩一下」。

結果，當我把登月小艇的玩具有條不紊的依序拆開，並且鑽研了一番後，奇怪的事情發生了！當我把所有零件按順序裝回去後，登月小艇居然不會動了。這可不得了！我又努力嘗試了好幾次，不過不動就是不動。

後果當然很慘。即使過了幾十年，小女兒到現在都還記得清清楚楚：我弄壞了她的登月小艇玩具。

二女兒香彬也有類似的經驗。曾經有朋友從香港帶來一個非常漂亮，而且在當時非常「先進」的洋娃娃送她，被她視若珍寶；因為這個洋娃娃會「說話」，只要一按它，它就會發出聲音，包括聽了讓人很舒服、很甜的問候語。

以現代的科技來看，這實在是無足為奇，在娃娃內部放一個簡單的聲感晶片就可以了。但這在幾十年前，還是很稀罕的東西，難怪小女孩會愛不釋手。

有著發明家熾烈的好奇心，我很想了解一下娃娃到底是怎麼「說話」的，並且打算將偷師而來的技術也應用在我的發明上。

不知道是巧合還是宿命，同樣的悲劇發生了，當我把所有拆下來的零件「有條不紊」地裝回去後，洋娃娃啞口無言了。現在想一想，搞不好那是什麼「防偽裝置」也說不定。

不過當時，那可是又一齣慘劇……

◇你真的很無聊欸！

女兒對我的戒心其實並非無的放矢，因為她們很小的時候就知道：爸爸愛亂開玩笑。也許我暗中早已被她們貼上了「不可靠」的標籤，只是自己不知道。

威琪從小成績就很優秀，不但小學提早就讀，而且幾乎門門功課都很好，拿一百分如同家常便飯。有一次，她有一門功課拿了九十八分，對學業一向要求嚴格的太太雖然沒有罵她，但也不忘提醒她：「妳應該可以考一百分的，以後要注意。」

事實上，我覺得能考九十八分就很棒了。但看到女兒有一點兒垂頭喪氣的樣子，我就忍不住想要和她開開玩笑，好讓她精神振奮一下。

於是，在考卷上家長簽名的地方，我故意模仿小孩子的字體寫上自己的名字。果然，老師很「機警的」發現了家長簽名的異常之處，於是把女兒叫去詢問：

「劉威琪，這次的考卷有拿回去給家長簽嗎？」

「有啊！拿給爸爸簽的。」

「妳確定嗎？小朋友不可以說謊哦！」

「我沒有說謊啊！」女兒心裡有些小委屈的辯解著。

雖然老師還是心存疑慮（證據實在太明顯了！），但威琪一向品學兼優，所以她暫時忍耐下來。因為我們都在同校任教，她先跑去向太太求證，雖然得到了正面的答覆，但她依然不肯放棄；又跑來向我求證，我馬上大方承認：「沒錯！是我簽的名。」

看著老師狐疑的眼光，我怕她誤會，於是做出進一步的解釋：「我只是想和她開開玩笑！」只是我不該又加了一句：「妳應該信任妳的學生。」她以一種奇怪且憤憤不平的眼神看著我，似乎很生氣地走掉了。

放學後，女兒說起今天被老師叫去問家長簽名的事情。我於是笑起來，並且說起和她「開玩笑」的事情。女兒馬上大聲抗議：「你真的很無聊欸！」我笑笑說：「妳如果考一百分，她就不會懷疑啦！」

不知道是不是這個原因，威琪以後的成績更好了，讓我想再和她開開玩笑的機會都沒有了。

◇歐麥尬！

國人性格比較保守，尤其是年紀大的人，看到我到處開玩笑，尤其還常和師長開玩笑，常常不以為然，客氣的就稱我為「老頑童」「老天真」「點子王」，不客氣的就直接批評：耍寶、神經病……等等。

但是在國外，我這樣耍寶，倒是能夠引起不少掌聲或「共鳴」。

我住在佛羅里達時，有一次，大女兒帶我去餐廳吃飯。這家餐廳的生意很好，當天幾乎座無虛席，而且氣氛也很優雅宜人。

當我點的牛排端上來時，我高興的拿起刀叉就切起牛排來，一不小心，我把盤子給打翻了。盤子掉在地上，發出「鏗、鏗、鏗」的聲音。這時，有一個美國人大聲地驚呼：「歐麥尬！（Oh! My God!）」引起了一陣小小的騷動，許多人的眼光隨即往我這裡看過來。

後來餐廳服務生替我換了餐盤、換了牛排。這一次，我用力一切，沒想到不鏽鋼的餐刀居然一下子折斷了。這一次，馬上又傳來一聲比剛才更大聲的「歐麥尬！」

雖然事發突然，但我馬上就反應過來了，就在他的「歐麥尬！」驚呼聲才落，我就像接力賽選手一樣，馬上接上去，比他還更大聲的一句：「歐麥尬！」

想不到，大家默契這樣好。在我喊出：「歐麥尬！」後，才一下，全餐廳居然一起大喊：「歐麥尬！」然後，全部人哄堂大笑。後來，還有人鼓起掌來。

就連女兒也笑得快直不起腰來。

◇生日來電禮一百萬

開玩笑能帶給人歡笑，所以我無時無刻都在找機會和家人、朋友開開玩笑。

幾年前，有一天我閒來無事，忽然發現當天竟然是自己的生日。平常我根本不過生日，沒有這個習慣，所以家人也很少記得我的生日。

但那天我忽然突發奇想，告訴太太，如果哪個兒女記得我的生日，打電話來賀壽，我就給他（她）一百萬元。

果然不出所料，沒有人打電話來。

後來我把這件事告訴小孩們。

第二年，所有的小孩都打電話來了。

只不過，我和他們說：「今年我已經偷偷改變了遊戲規則，沒打電話來的才能獲得百萬元的獎賞。」

大家聽了又是哈哈一笑。他們知道，我只是愛開玩笑。

〈跋〉與大嬸婆同遊

樹欲靜而風不止，子欲養而親不待。

——漢・韓嬰《韓詩外傳》

我年輕時，因為畫漫畫，出版的幾部作品還滿受歡迎，所以常常應邀到各地演講。演講結束後，通常我都會留一點時間，和現場的聽眾及讀者交流一下。

通常他們最感興趣的主題，就是我筆下的漫畫人物。

「劉老師，你畫的漫畫都是真的故事嗎？」

「有的是，有的是編的。」

「真的有自己會飛、會講話的機器人嗎？」

「現在沒有，以後一定有。」

「《小村故事》裡的阿欽好聰明哦！真的有大山背這個地方嗎？」

「有啊！就在新竹縣，那也是我的故鄉。」

「我最喜歡阿三哥和大嬸婆了！他們好好笑哦！」隨著這句話，身邊響起一片附和聲：「對啊！他們好土哦！」「大嬸婆最好笑了！」……當時《阿三哥與大嬸婆遊台北》和《阿三哥與大嬸婆遊寶島》經過報上連載後，很受歡迎。還有人問我：「劉老師：真的有大嬸婆這麼好笑，這麼土的人嗎？」

「有啊！」我慢吞吞地說：「大嬸婆就是我媽媽！」

◇創造與被創造

「大嬸婆」是我創造出來的漫畫人物，而且連稱呼也是我自創的。

在我從小生長的客家庄，稱呼和媽媽同輩的女性長輩，一般會稱「嬸婆」；而現在韓劇中流行的「大嬸」稱謂，以前也曾零星聽過，感覺上是指有一點純樸、土氣的鄉下婦女。

當我在構思漫畫的故事內容時，為了要替具有「鄉巴佬，土里土氣心地好，見義勇為不服老，最怕肚子餓了受不了」特性的漫畫人物取一個適當的名字，傷透了腦筋。

後來，我靈機一動，乾脆將「大嬸」和「嬸婆」這兩個稱謂合併，創造了「大嬸婆」這個稱謂。大嬸婆的漫畫面世之後，大受歡迎，「大嬸婆」更成了家喻戶曉的專有名詞。

而大嬸婆的原型，就是我的母親嚴六妹。她出身於新竹縣關西鎮石光的大家族。這個家族有長壽的傳統，很多人都活到九十多歲，甚至上百歲的人瑞也有好幾位。而且，嚴家人有共同的個性：脾氣有一點暴躁，講話聲音很大，但心地都非常善良。

我媽媽是百分之百的嚴家人。

她天生一副大嗓門，身手矯健，雖然年輕時生活很辛苦，但身體十分硬朗，七、八十歲還到處趴趴走，九十三歲依然能爬樓梯，九十五歲參加山歌比賽，聲若洪鐘，還得了長青組的冠軍。她一生勤勞，不但一手操持農事家事雜事，還生養了十三個小孩，整天忙個不停。

因此，她最看不慣遊手好閒、好吃懶做的人，以及不平之事，碰到流氓作風，無正義感的人，從不虛與委蛇，而且一定會在第一時間跳出來「管閒事」。

這些特點，後來也成了大嬸婆的性格。

我媽媽生了我，然後我又創造了大嬸婆。想一想，這也能說是一種奇妙的「因果」關係吧。

◇我畫大嬸婆的原因

我會畫《大嬸婆》漫畫的原因，從表面上看，是因為當時我需要替剛創刊不久的《台灣日報》畫連載漫畫。

當時《台灣日報》的發行人夏曉華幫了我很大的忙。我也很想有所回報。所以，當他邀請我替《台灣日報》畫漫畫時，我不但一口答應：「沒問題！」而且，我還向他誇口：「刊了我的漫畫，你的報份一定會增加。」

當夏曉華問我：「你稿費要怎麼算？」時，我豪爽地大手一揮：「不要錢！」他聽了我的話，嚇了一跳，「不要錢？那可是每天要畫的。」我向他解釋，不是永遠不要錢，「你登上去，覺得報份有增加，而且有很多人願意在漫畫旁邊放廣告時，就表示我的漫畫有效果。」而更明顯的效果，就是當漫畫刊完，足夠出一本單行本時的銷售量。

我說：「到出單行本時，你賺到了錢再給我。」他看我這麼有信心，就很高興地答應了。

「但是，到底要畫什麼呢？」我開始動腦筋了。

當時我住在台北市後車站一帶的一個舊社區，周遭常看到一些遊手好閒的年輕人，抽菸、喝酒、嚼檳榔、賭博……不學好的事情樣樣來。我看不起，也看不慣那些不成材、不像樣、不願去工作的年輕人。因此，我常向太太抱怨：「這種人，就得要我媽來治他們。」

從小，在大山背客家庄，如果我媽看到這種人，一定看不慣，就會跳出來開罵，一直罵到對方知道羞愧，落荒而逃為止。

我一直認為，如果這個社會有多一些像我媽這種很正直，很有道德觀念，要小孩子學好的人，把勤儉、刻苦的精神流傳下來，家庭才會平安，社會才會安定。

於是，我靈機一動：「乾脆就來畫我媽好了！」就這樣，一個穿著大襟衫、七分褲，比我媽高一點、胖一點，但在個性和精神本質上完全複製了她的「大嬸婆」就堂皇登場了。

當然，大嬸婆是我媽媽，和她搭檔的阿三哥就是我了，漫畫裡面好笑的對白，其實許多是我們母子間日常的對話。

◇我可憐的父親

多年後，我自己才發覺，阿三哥與大嬸婆的漫畫之所以問世，其實和漫畫中一個從未出現的角色有很深的關係——我的父親。

我常常講我的媽媽大嬸婆，曾有人問：「你怎麼很少講到你的父親？」我一下子講不出話來。過了一會兒，我嘆一口氣，說：「我的父親，可憐啊！」

父親過世的很早，五十多歲就走了。人家問：「怎麼死的？」我會說：「累死的！」雖然從表面上看來，他是因為罹患了礦工的職業病——矽肺病，肺部逐漸纖維化，能吸到的氣越來越少，終至完全無法呼吸而過世。但實際上，我覺得他是因為工作太多，忙不過來才累死的。

印象裡，爸爸整天忙個不停。他身兼四、五職，家裡的田要種，又在山的背面開礦，請了四、五十個工人。我們家不但自己種茶，還向種茶的散戶收茶葉，茶葉採好之後收集起來，再走一個半小時的山路，挑到工廠去賣。我父親要種田、開礦、收茶葉、做買賣，真是白天晚上都在拚，拚著拚著，身體就出問題了。

矽肺病是可怕的職業病，無法正常呼吸，到現在也沒有特效藥。爸爸整天躺在床上，全身沒有一點力氣。當時我在台北教書，全靠同住的堂哥照顧。

爸爸的醫療費用龐大，當時我在永樂國小當老師的薪水全數寄回家，自己向朋友借錢，每天吃白饅頭配開水。

好幾次接到爸爸的病危通知。每次一接到病危通知，我就急急忙忙請假，在奔喪的心情中往家裡趕路。但像奇蹟似地，爸爸每次都轉危為安，讓我的心情從地獄又回到了天堂。

但學校對我常請假已經失去了耐性。

記得最後一次接到父親的病危通知，匆匆忙忙趕回家時，到了門口，居然見到爸爸笑容滿面地站在門口，等著我回家。看到父親身體有起色，我鬆了一大口氣。但想到每次請假的困難及一路趕回來的緊張、辛苦，心裡也有一點氣。

雖然當時我什麼話也沒有說，但多年來我一直回想，當時爸爸可能已經從我的臉色察覺了些什麼。

下一次他再發病的時候，家裡人就沒有通知我，結果那一次就不幸成真了。每次想起爸爸站在門口，滿臉笑容地等我回家的樣子，而我反而臭著一張臉，心裡就難過好久好久。

想想，我的父親一生為了家庭、子女，過得太辛苦了，連出去走一走、玩一玩的機會都沒有。

我不希望自己的母親也一樣。

◇與大嬸婆同遊

媽媽和爸爸一樣，一輩子操勞忙碌，農事忙完忙家事，自己家的事情忙完忙別人家的事，從來不曾悠閒度日，更不曾旅遊玩樂。

但媽媽有一個特點：她很愛到處趴趴走，尤其是去幫助別人或探訪親友，有時一出門就好長一段時間。例如上次她為了幫助竹東的遠房親戚，義務幫人家洗了一個多月的碗才回家。

媽媽這種好串門子、好管閒事，喜歡幫助人的個性，即使到了七、八十歲依然故我。她喜歡到處住，有時心血來潮，帶上由傳統包巾打成的包袱和一把黑雨傘，就出門去串門子、走親戚了。而且她還不見外，出門前會通知對方：「我要到你家住了，什麼都不用準備，只要有豬腳就好。」只要有豬腳，她哪裡都住得慣。

這個習慣讓我們很傷腦筋，既怕她走失，也怕她被騙被拐或沒錢花。因為每次給媽媽錢，她常常轉手就捐出去。後來，我也只好在她常去的幾個「定點」，預先塞錢給親戚，作為媽媽的零用錢。

在父親逝去後幾年，我的生活雖逐漸改善，但似乎走上了父親的老路，忙得不可開交，常常是同時有好幾份工作要做，即使想好好陪媽媽出去走走、玩玩，似乎也是很難現實的夢想。

但只要還有夢，就有實現的一天。至少當我在構思如何替《台灣日報》畫大嬸婆的漫畫時，是這麼想的。

於是，在畫《阿三哥與大嬸婆遊台北》時，我就想像：「如果我和媽媽一起遊台北，當她看到這個人（這件事、這東西、這現象……）時，她會怎麼說？她會做出什麼樣的反應或動作？……」這麼一想，讓我靈感泉源，運筆如飛，很快就完成比平常還多的分量。

而且，有時候我畫著畫著，自己都還會笑出來……有時收不住，甚至把眼淚都笑了出來了。

後來畫《阿三哥與大嬸婆遊寶島》時，《台灣日報》特別幫我辦了一張記者證，方便我到台灣各個角落取材。當我在四處忙著記錄、取景時，同樣覺得「我是和媽媽一起同遊寶島」。

在美國居住的那幾年，我又畫了《大嬸婆遊美國》。雖然這本裡少了阿三哥，可是多了大嬸婆的小孫女。

我想，當大家知道我畫《大嬸婆》漫畫背後的原因後，應該會更喜歡和自己的爸媽攜手同遊吧！

這是我最重要的一則身教。

國家圖書館出版品預行編目資料

厝邊巷尾就是我的人生學校 / 劉興欽, 劉永毅作. -- 初版. --
臺北市 : 如何, 2013.07
248 面；14.8×20.8公分 --（Happy learning ; 127）

ISBN 978-986-136-360-8（平裝）

1. 劉興欽 2.回憶錄 3.親職教育
783.3886 102009619

The Eurasian Publishing Group 圓神出版事業機構 用心與你對話．視野無限寬廣
如何出版社 Solutions Publishing

http://www.booklife.com.tw inquiries@mail.eurasian.com.tw

Happy Learning 127

厝邊巷尾就是我的人生學校

作　　者 / 劉興欽．劉永毅
發 行 人 / 簡志忠
出 版 者 / 如何出版社有限公司
地　　址 / 台北市南京東路四段50號6樓之1
電　　話 /（02）2579-6600．2579-8800．2570-3939
傳　　真 /（02）2579-0338．2577-3220．2570-3636
郵撥帳號 / 19423086　如何出版社有限公司
總 編 輯 / 陳秋月
主　　編 / 林欣儀
專案企畫 / 賴真真
責任編輯 / 張雅慧
美術編輯 / 王琪
行銷企畫 / 吳幸芳．陳姵蒨
印務統籌 / 林永潔
監　　印 / 高榮祥
校　　對 / 劉永毅．黃淑惠．張雅慧．尉遲佩文
排　　版 / 莊寶鈴
經 銷 商 / 叩應股份有限公司
法律顧問 / 圓神出版事業機構法律顧問　蕭雄淋律師
印　　刷 / 祥峯印刷廠
2013年7月　初版

定價 260 元　ISBN 978-986-136-360-8